Reinhold Ruthe

Musterkinder und Rebellen

Wie die Geschwisterposition
unser Leben beeinflusst

Bibliografische Information Der Deutschen Bibliothek
Die Deutsche Bibliothek verzeichnet diese Publikation in der
Deutschen Nationalbibliografie; detaillierte bibliografische Daten
sind im Internet über http://dnb.ddb.de abrufbar.

ISBN-10: 3-86506-145-1
ISBN-13: 978-3-86506-145-4

© 2006 by Joh. Brendow & Sohn Verlag GmbH, Moers
Einbandgestaltung: Brendow Verlag, Moers
Titelfoto: Getty Images
Satz: Hans Winkens, Wegberg
Druck und Bindung: Clausen & Bosse, Leck
Printed in Germany

www.brendow-verlag.de

Inhalt

Vorwort

Die Familien- und Geschwisterkonstellation hat oft auch einen großen Einfluss auf die Persönlichkeit des Kindes. Erste oder jüngste Kinder haben häufig ihre eigene Entwicklung. Innerhalb der Familie werden Bündnisse geschlossen und Oppositionen etabliert. Auf der Suche nach dem eigenen Platz im Leben entwickelt jede Person ihre individuelle Einstellung.

In der Familie wird

- die Persönlichkeitsentwicklung beeinflusst,
- die Partnerwahl entschieden
- und die Lebensziele mit bestimmten Inhalten gefüllt.

Schon die frühesten Erziehungseinflüsse sind prägend. Aus diesem Grund sind Eltern, Großeltern und Geschwister so ziemlich die stärksten Faktoren im Schicksal eines heranwachsenden Menschen. Denn nicht nur Vater und Mutter umgeben, erziehen, beeinflussen und formen das Kind, sondern auch seine Brüder und Schwestern. Nicht nur Eltern verhelfen dem Kind zum Selbstverständnis, das machen auch seine Geschwister.

Die Familie ist die Werkstatt, in der

- Pechvögel und Glückskinder,
- Rebellen und Jasager,

- Ehrgeizige und Faule,
- Muttersöhnchen und Nesthäkchen,
- Prinzen und Friedensengel

erzogen werden.

Das Miteinander der Gesamtfamilie beruht auf dem *verti-kalen* Zusammenspiel zwischen Eltern und Kindern und dem *horizontalen* Zusammenspiel der Geschwister untereinander. Das Wechselspiel aller mit allen lässt die unterschiedlichsten Persönlichkeiten entstehen, unabhängig von den Genen und der Veranlagung.

Und so spielen Musterkinder und Sündenböcke, Faule und Fleißige, Artige und Quertreiber perfekt zusammen und verstärken gegenseitig ihre Einstellungsmuster.

Wir sprechen gern von »typischen« Erstgeborenen, von »typischen« Jüngsten und von »typischen« mittleren Kindern, obwohl es auch hier – wie überall – Ausnahmen von der Regel gibt. Die Geschwisterfolge verleitet dazu, bestimmte Verhaltensmuster und Einstellungen im Rahmen der Familienkonstellation zu praktizieren. Und doch erfährt jeder Mensch seine einzigartige Entwicklung.

Woran liegt das?

- Jede Familie hat ihre *eigene Dynamik.*
- Jede Familie hat ihre *eigene Atmosphäre.*
- Jede Familie hat ihren *eigenen Erziehungsstil.*
- Jede Familie hat ihre *eigene Wertskala.*

Als Seelsorger und Berater kann ich vielen Menschen helfen, anhand ihrer Familien- und Geschwisterkonstellation sich selbst besser zu verstehen, den Partner anders wahrzunehmen, die Vater- und Mutterrolle klarer zu erkennen und die unterschiedlichen Kinder hilfreicher zu fördern und zu unterstützen.

Das Buch verfolgt das Ziel,

- dass Eltern und Kinder Stärken und Schwächen durchschauen lernen,
- dass Eltern und Kinder die Eigenarten und Vorlieben der Mitmenschen besser einordnen können,
- dass Eltern und Kinder die Unterschiedlichkeit der eigenen Kinder und Geschwister genauer erfassen und
- dass Eltern und Kinder Einsichten in ihr Lebenskonzept gewinnen,
- dass Eltern und Erzieher ihre Glaubens- und Werthaltungen überprüfen.

Ehe und Familie sind von Gott gewollt und geschaffen. Daher bleibt jeder Mensch ein Original, auch wenn die Familien- und Geschwisterkonstellation ähnliche Typen beschreibt.

KAPITEL 1

Wie sich Eltern und Geschwister beeinflussen

Wer mit Kindern richtig umgehen will, muss sie verstehen. Denn nur wenn wir sie verstanden haben, können wir

- positive Muster verstärken,
- negative Einstellungen benennen,
- Begegnungen fördern,
- die Ziele der Kinder steuern.

Die Rolle in der Familie – ein Beratungsbeispiel

Wie Eltern, Kinder und Geschwister sich untereinander beeinflussen, möchte ich an einem Beispiel aus meiner Beratungspraxis deutlich machen.

Familie Wild hat zwei Kinder. Das älteste, ein Mädchen, ist vier Jahre alt, das zweite, ebenfalls ein Mädchen, knapp zwei Jahre. Der Vater, Sportlehrer an einer Gesamtschule, ist ein lebhafter Typ, während seine Frau eher ein ängstlicher und äußerst vorsichtiger Mensch ist. Sie liebt den forschen, sportlichen und risikofreudigen Mann, denn er zieht die schüchterne und zierliche Frau, die im Leben immer wieder mit Befürchtungen kämpft, mit.

Vierzehn Tage nach ihrem vierten Geburtstag verunglückt die älteste Tochter tödlich, als sie unüberlegt auf eine belebte Straße rennt, wo sie von einem Auto erfasst und so schwer am Kopf verletzt wird, dass sie daran stirbt.

Viele Jahre später kommt die Mutter mit der zweiten

Tochter, die zur Zeit des Unfalls ihrer Schwester knapp zwei Jahre alt war, zu mir in die Beratung. Janine ist jetzt dreizehn, etwas pummelig und vom Scheitel bis zur Sohle ein ängstliches Kind.

Die Mutter muss das Mädchen jeden Tag zur Schule bringen und mittags wieder abholen. Die Schulleitung hatte die Eltern zu sich bestellt und ihnen dringend empfohlen, mit der Tochter eine Beratungsstelle aufzusuchen. Janine sei zwar sehr intelligent, aber lebensuntüchtig. Ursache dafür sei wohl die Tatsache, dass sie überbeschützt und überbehütet aufgewachsen wäre.

Und in der Tat, Frau Wild hat ihr zweites Kind in Watte gepackt und ihre Hand schützend über Janine gehalten. Bis zum heutigen Tag macht sie sich Schuldgefühle, dass sie nicht besser auf ihre erste Tochter aufgepasst hat. Der Unfall wäre in ihren Augen dann zu verhindern gewesen.

Als Frau Wild mit der dreizehnjährigen Janine zu mir kommt, bringt sie noch die neunjährige Tanja mit, ihr drittes und letztes Kind. Beim Gespräch im Beratungszimmer sitzen die Mutter und die dreizehnjährige Tochter eng nebeneinander. Beide kleben förmlich aneinander, während Tanja mein Beratungszimmer inspiziert. Janine und ihre Mutter werden von Angst beherrscht, während Tanja sich selbstbewusst, mutig und stark gibt – das genaue Gegenteil von Janine!

»Was willst du denn mal werden?«, frage ich Tanja so ganz nebenbei.

Ohne lange zu überlegen, antwortet sie: »Drachenfliegerin!«

Die Mutter zuckt auf dem Stuhl zusammen, während Janine kopfschüttelnd auf ihre kleine Schwester schaut, die sich inzwischen ungeniert und ohne Angst an meinen Schreibtischschubladen zu schaffen macht.

Was demonstriert dieses Beratungsbeispiel?

1. Eltern und Kinder beeinflussen sich gegenseitig
Obwohl Geschwister das Erbgut derselben Eltern in sich
tragen und in derselben Umgebung aufwachsen, unterscheiden sie sich in ihren Persönlichkeitsmerkmalen doch
voneinander.

Geschwister erleben die gleichen Rituale, haben aber
eine unterschiedliche Wahrnehmung. Das eine Kind orien-
tiert sich an der ängstlichen Mutter, das andere eher am
sportlichen und risikobereiten Vater. Das eine Kind wird geklammert und lässt sich klammern, das andere strampelt
sich frei und lebt selbstbewusst und unabhängig sein Leben.

2. Mutters Kind und Vaters Kind
Die Eltern haben ein Kind verloren, und die ängstliche
Mutter kümmert sich um das zweite Kind, beschützt es
sehr, aus Angst, es zu verlieren. Daher wird es bewahrt und
von allen Risiken fern gehalten. Es wird kontrolliert und
unter eine Käseglocke gesetzt. Die überbeschützende Mutter wird zum Mittelpunkt des dreizehnjährigen Mädchens.
Ungewollt macht es sich unselbstständig und lebensuntüchtig. Das dritte Kind – auch ein Mädchen – wählt den
Vater als Identifikationsfigur. Es reagiert burschikos, ist
draufgängerisch und von klein auf ein ausgesprochener
Abenteuertyp. Es lacht die ängstliche Schwester aus und
zeigt auch der Mutter, wie es das Leben meistern will.

3. Eltern behandeln ihre Kinder nicht gleich
Die meisten Eltern beteuern ehrlich und aufrichtig, dass sie
natürlich alle Kinder gleich erziehen und behandeln wollen. Viele Untersuchungen und die Praxis beweisen aber,
dass sie es nicht tun.

Man hat Folgendes festgestellt:

- *Ehrgeizige* Eltern bevorzugen *ehrgeizige* Kinder.
- *Fleißige* Eltern schätzen *fleißige* Kinder mehr als die anderen.
- *Perfektionistische* Eltern haben mehr Auseinandersetzungen mit *unordentlichen* Kindern.
- *Ängstliche* Eltern wie Frau Wild überbeschützen, und das Jüngste lebt genau das Gegenteil.

4. Herr Wild ist »ältestes Kind«

Er hatte noch vier Geschwister, für die er gesorgt und Verantwortung getragen hat. Seine fünf Jahre jüngere, ängstliche Schwester war sein Liebling. Er mochte sie sehr, förderte das Mädchen, und noch im Erwachsenenalter war er ihr Ratgeber.

Und genauso eine Frau wählte Herr Wild dann auch als Lebenspartnerin. Er sagte im Beratungsprozess, dass sie seiner Schwester sogar äußerlich ähnlich sehe. Zufall? Bestimmt nicht. Vielmehr wird hier deutlich, wie versteckt und geheimnisvoll sich alle menschlichen Beziehungen abspielen und wie wir uns gegenseitig beeinflussen.

5. Die Familie – Trainingslager unserer Gefühle

Im familiären Zusammenleben werden auch unsere Gefühle stimuliert, und es entwickeln sich bei allen Kindern bestimmte vorherrschende Gefühle und Einstellungen.

Sie lernen Freude und Hass, Trauer und Rivalität, Ängstlichkeit und Risikobereitschaft, Enttäuschung und Wut.

Die dreizehnjährige Janine wird von Angst, Vorsicht, Befürchtungen und depressiven Gefühlen bestimmt. Das jüngste Kind Tanja dagegen wehrt sich mit Macht und trainiert Mut, Unabhängigkeit, Neugier und Abenteuerlust.

6. Jedes Kind sucht seinen Platz.

Ist ein bestimmter Platz im Leben besetzt, ist die Rolle, die damit verbunden ist, vergeben, sucht sich das nächste Kind seinen Platz und seine Rolle. So erleben wir, dass Kind eins und Kind zwei in der Regel ausgesprochen verschieden sind. Sie wollen sich auch voneinander unterscheiden. Das gilt übrigens sowohl für Jungen und für Mädchen, auch zwei Jungen unterscheiden sich normalerweise.

Die dreizehnjährige Janine ist Mutters Kind, Tanja, die Jüngste, ist Papas Kind. Mit dieser Identifikation ist gleichzeitig eine völlig unterschiedliche Rolle verbunden.

Zusammenfassung

Eltern müssen darauf achten, dass jedes Kind zu einer positiven und gemeinschaftsfördernden Richtung ermutigt wird. Der Ehrgeiz der Eltern, ihre subjektiven Wünsche und Erfahrungen versperren einem Kind häufig den Weg. Sie sehen nur *ihre* Bedürfnisse, *ihre* Erwartungen, *ihre* Ängste und *ihre* Lebenseinstellungen, die sie dem Kind überstülpen. Dadurch engen sie die speziellen Begabungen, die Unabhängigkeit und die Entfaltungsmöglichkeiten ihrer Kinder ein. Deutlich wird auch, dass Kinder ihren eigenen Lebensstil und ihre Vorstellungen vom Leben in der Auseinandersetzung mit Geschwistern und Eltern leben können.

Mit welchem Kind identifizieren wir uns?

Es heißt immer:

- Eltern *lieben* alle Kinder gleich.
- Eltern *behandeln* alle Kinder gleich.
- Eltern *ziehen* kein Kind dem anderen *vor.*

Aber ist das überhaupt möglich? Viele Eltern möchten das
natürlich, aber sie schaffen es einfach nicht. Woran liegt
das?

- Wir identifizieren uns mit dem Kind, das unserer
  Position am ehesten entspricht. Also:
- Wer selbst ein *erstgeborenes* Kind war, identifiziert
  sich gern mit dem Erstgeborenen.
- Wer selbst ein *mittleres* Kind war, versteht das mitt-
  lere Kind am besten.
- Wer selbst ein *jüngstes* Kind war, kann sich gut in die
  Rolle des Jüngsten hineinversetzen.

Nehmen wir an, das jüngste Kind albert herum und ist ein
Spaßmacher. Vielleicht werden wir dann an unsere eigene
Kindheit erinnert, denn womöglich haben auch wir auf unsere gesamte Umgebung mit Dummheiten und Clownerien
reagiert und damit alle unterhalten. Heute können wir daher herzlich mitlachen und verstehen den kleinen Clown.
Der kleine Spaßmacher hat nicht nur unsere Verhaltensmuster geerbt, sondern wird von demjenigen, der als Kind
genauso dachte und handelte, darin noch bestätigt.
Selbstverständlich gibt es auch das Gegenteil.
Ein Vater identifiziert sich mit seinem zwölfjährigen
Sohn. Der Zwölfjährige arbeitet in der Schule nicht mit. Er
ist wortkarg, introvertiert, steif und stur. Mit Klassenkameraden kann er nicht umgehen, steht immer abseits und
wird von allen gemieden. Die Lehrer empfehlen den Eltern
schließlich, eine Beratungsstelle aufzusuchen, die die Kon-
taktstörungen des Kindes bearbeiten soll.
Der Vater ist wie der Sohn, ebenfalls wortkarg, introvertiert und stur. Seine Frau leidet an seiner Seite, weil sie sich
unbeachtet und ungeliebt fühlt.
Die Beratung ergibt überraschenderweise: Der Vater be-

jaht seine Lebenseinstellung nicht. Er hasst sich, und er hasst seinen Sohn. Oder genauer gesagt: Der Vater hasst sich in seinem Sohn.

Die Beispiele zeigen: Wie sich die Position eines Kindes auswächst, das hat etwas mit der gesamten Familienkonstellation zu tun. Das Geschlecht des Kindes, der Altersabstand, die Einstellung zu den Geschwistern, die Einstellung zu den Eltern und die Einstellung der Eltern zum Kind sind für die Entwicklung und Ausprägung der Einstellungsmuster entscheidend.

KAPITEL 2

Welche Rolle haben Sie in Ihrer Familie gespielt?

Die Klein- und Kleinstfamilie ist heute die Regel. Bis in die Mitte des 19. Jahrhunderts aber bestand die normale Familie noch aus drei Generationen, nämlich den Großeltern, den Eltern und einer größeren Zahl von Kindern.

Der statistische Wert für die Kinderzahl in Deutschland beträgt zurzeit 1,4 Kinder. Die Todesrate ist höher als die Geburtenrate. Spötter sprechen sogar schon von der modernen »Ein-Hund-Ehe«.

In der Familie erlernt jedes Kind bestimmte Rollen:

- Eine *Familienrolle,*
- eine *Berufsrolle,*
- eine *Geschlechtsrolle,*
- eine Rolle in der *Gesellschaft.*

Entsprechend gilt:

- Als *Familienrolle* sind wir ältestes, mittleres, jüngstes oder einziges Kind.
- Als *Berufsrolle* sind wir Lehrer, Berater, Schneider, Klempner oder Richter.
- Als *Geschlechtsrolle* sind wir ein richtiges Mädchen, ein richtiger Junge, ein verweichlichter Junge, ein jungenhaftes Mädchen, lieber ein Junge oder lieber ein Mädchen.
- In der *Gesellschaft* spielen wir eine ehrenamtliche

Rolle, eine politische Rolle oder eine Rolle in der Kirchengemeinde beziehungsweise in der Ortsgemeinde. Wir sind Steuerzahler, Verkehrsteilnehmer, Grundbesitzer, Mieter und Wähler.

Rollen geben Orientierung, Sicherheit und Identität. Sie steigern unser Selbstbewusstsein, dienen der Abgrenzung und helfen, Rivalität, Neid und Eifersucht in Grenzen zu halten.

Wer bestimmt das »Rollen-Casting« in der Familie?

Es sind im Wesentlichen drei Parteien, die das »Rollen-Casting« der Familie bestimmen:

1. Das Kind selbst
2. Eltern und Geschwister
3. Großeltern, Verwandte, Kindermädchen oder andere Erzieher

Welche Einstellungsmuster benutzt das Kind, um seine Rolle zu finden?
    Es entwickelt Ehrgeiz, Liebenswürdigkeit, Charme, Entscheidungsstärke, Fleiß, Geduld und vieles andere mehr. Andere wollen sich gegen die Geschwister durchsetzen. Sie entwickeln: Eifersucht, Konkurrenzverhalten und Sündenbockallüren. Sie werden zu Friedensengeln, Märtyrern, Schlägern oder Klassenclowns.
    Auf der einen Seite sind es Eltern und Großeltern, die mit ihren *Rollenzuweisungen* und *Rollenerwartungen* das Verhalten der Kinder beeinflussen. Auf der anderen Seite *glauben* die Kinder aber,

- sich mit Gewalt durchsetzen zu müssen,
- die Bedürfnisse ihrer Eltern erfüllen zu wollen,
- dass sie nicht Nein sagen können,
- dass sie das letzte Wort behalten wollen.

■ Die einen wollen *gefallen,* die andern wollen *bestimmen.*

■ Die einen wollen *herrschen,* die anderen wollen sich *unterordnen.*

■ Die einen wollen *bemuttern,* die anderen wollen *sich bemuttern lassen.*

Soziale Rollen verstärken sich gegenseitig

Je *fauler* der Jan, desto *fleißiger* die Julia – je *fleißiger* die Julia, desto *fauler* der Jan.

Je *draufgängerischer* der Älteste, desto *ängstlicher* der Zweitälteste – je *ängstlicher* der Zweitälteste, desto *draufgängerischer* der Älteste.

Beide Parteien spielen perfekt zusammen. Keiner trägt die Hauptschuld, bzw. keiner ist der Hauptbeteiligte.

In vielen Familien gibt es sie: die Quertreiber, die Sündenböcke, die Revoluzzer, die »schwarzen Schafe« und die Pflegeleichten. Ist das eine Kind pflegeleicht, macht das andere gern Schwierigkeiten. Das eine Kind ist angepasst, ein anderes spielt eine gegenteilige Rolle. Man kann sagen: Positive Rolleneinstellungen rufen nicht selten böse Verhaltensmuster hervor. Das »schwarze Schaf« hat zweifellos eine positive Rückwirkung auf andere. Je schwärzer und böser das Verhalten, desto lieber, angepasster und anständiger das Verhalten eines anderen Kindes. Das Musterkind lebt vom Sündenbock, das Vorzeigekind lebt vom schwarzen Schaf in der Familie.

Ein Beispiel aus der Familienberatung soll das verdeutlichen:

Miriam ist das mittlere Kind, sie ist sieben Jahre alt. Ihr zwei Jahre älterer Bruder Dennis ist lieb, immer artig, gehorsam und pflegeleicht. Das Mädchen ist zappelig, unruhig und stört den Frieden der Mutter gewaltig. Der Vater ist Beamter und legt sich jeden Abend, wenn er nach Hause kommt, mit Miriam an, weil sie ständig etwas anstellt. Teller fallen ihr aus der Hand, dann ist sie ausgerutscht und hat sich ein Bein gebrochen, hat dem Bruder einen üblen Streich gespielt oder der Mutter den Schlüssel geklaut.

Dann kommt noch ein kleines Schwesterchen auf die Welt. Es ist niedlich, unkompliziert, lacht viel und macht der Mutter und auch dem älteren Bruder viel Freude. Dennis kümmert sich um das kleine Wesen, wickelt es, fährt es spazieren und entlastet auf diese Weise die Mutter. Miriam steigert ihre Unruhe, ärgert das kleine Schwesterchen, kritzelt sinnlos in ihren Heften herum und bemalt die Tapeten mit Ölfarbe.

Die Mutter schimpft auch während der Beratung über Miriam. »Ich komme mit ihr nicht klar! Miriam ist eine Plage!«

Miriam hört, dass ihre Mutter seelisch schwer belastet ist. Mutter und Tochter bestätigen sich gegenseitig. Auch der Vater steht gegen die Tochter.

Und was geschieht? Dennis, der ältere Bruder, ist Mutters Liebling; Lisa, der Nachzügler, ist Papas Augenstern; und Miriam ist der erklärte Sündenbock.

Miriam selbst glaubt, nur durch Dummheiten und lieblose Provokationen die Aufmerksamkeit der anderen zu gewinnen. Wenn sich nicht die gesamte Familie umstellt, wird Miriam auch später durch negatives Rollenverhalten ihren Part im Leben spielen.

Bestimmte Rollen – Fragen zur Selbstprüfung

Welche Rolle spielen Sie in Ihrer Familie?

- ☐ Das Opferlamm
- ☐ den Friedensengel
- ☐ den Clown
- ☐ das Wunderkind
- ☐ das ewige Baby
- ☐ Mutters Schmuckstück
- ☐ Vaters Augenstern
- ☐ den Sündenbock
- ☐ den oder die Fromme
- ☐ den Schurken
- ☐ den Wunscherfüller
- ☐ den oder die Besonderen
- ☐ den Kümmerer
- ☐ das schwierige Kind
- ☐ das pflegeleichte Kind
- ☐ das Vorzeigekind
- ☐ das Musterkind
- ☐ das verwöhnte Kind
- ☐ das überforderte Kind
- ☐ die Sportskanone
- ☐ den Draufgänger
- ☐ den Helfertypen
- ☐ den Quertreiber
- ☐ den Revoluzzer

- ☐ _____
- ☐ _____
- ☐ _____

1. Wenn Sie sich annähernd in einer der angegebenen Rollen wiederfinden, was sind Ihre Beweggründe gewesen, eine solche Rolle anzunehmen?
2. Kann es sein, dass Sie diese Rolle auch heute noch in Ihrer Ehe, in Ihrer Familie oder im Beruf andeutungsweise widerspiegeln?
3. Glauben Sie, dass Sie sich immer wieder so verhalten oder entsprechend reagieren, um der Rolle gerecht zu werden?
4. Welche Rolle der Kinder wurde von den Eltern unterstützt oder herausgefordert?
5. Welche Chance geben Sie Ihren Kindern, sich notfalls anders zu entwickeln?
6. Ziehen in Ihrer Familie Vater oder Mutter ein Kind vor?

Wie antwortet das Kind auf familiäre Konstellationen?

Ich greife einige Möglichkeiten heraus:

1. Das Kind zieht Schlüsse.

Der Einfluss der Familie wird vom Kind verarbeitet und ausgewertet. Es nimmt wahr, deutet und zieht seine Schlüsse. Es hört, fühlt, interpretiert und wählt seinen Weg. Man kann sagen: Im Allgemeinen ist das Kind ein genauer Beobachter, aber ein schlechter Interpret.

2. Das Kind lernt, seine Fähigkeiten richtig einzuschätzen.

Im Vergleich mit Brüdern und Schwestern, im sanften und harten Austausch mit älteren, mittleren oder jüngsten Geschwistern lernt das Kind beispielsweise, seine Kapazität richtig einzuschätzen und dadurch auch mit Situationen außerhalb der Familie fertig zu werden.

3. Das Kind sucht Überlegenheit.

Das Kind übt solche Fähigkeiten, Verhaltensmuster und Techniken ein, von denen es sich erhofft, Bedeutung, Macht oder Überlegenheit in der Familie und damit im Leben zu erlangen.

4. Das Kind praktiziert positive und negative Verhaltensmuster.

Alle Geschwister entwickeln einige *konstruktive*, sozialfreundliche sowie einige *destruktive*, dissoziale Durchsetzungstechniken.

5. Das Kind reagiert mit unterschiedlichen Gefühlen.

Die Erfahrung zeigt, dass jedes Kind unterschiedliche Gefühle gegenüber seinen Geschwistern hat. Alle Familienmitglieder beobachten sich und schätzen Erfolg und Misserfolg, Feindschaft und Freundschaft, aber auch Streit und Auseinandersetzungen ein. Wo der eine Erfolg hat, gibt der andere leicht auf; wo der eine Schwächen und Mängel zeigt, springt der andere für ihn in die Bresche.

6. Das Kind rivalisiert.

Starker Wettbewerb in der Familie und zwischen Geschwistern drückt Rivalität aus. Oft sind dann Charakter, Interessen und Fähigkeiten der Beteiligten *verschieden*. Umgekehrt deutet die Ähnlichkeit in Charakteren fast immer auf *Verbundenheit* hin.

7. Das Kind deutet die Familie subjektiv.

Streng genommen handelt, denkt und fühlt das Kind so, wie es die Familie, die Geschwister und seine Umwelt *er-*

lebt. Darum ist nicht in erster Linie die Position in der Geschwisterfolge der entscheidende Faktor, sondern wie ein
Kind diese Konstellation *deutet.*

Der Älteste spielt den Boss

Viele Eltern, die zu mir in die Beratung kommen, klagen
über ihr ältestes Kind. Frau Wagner zum Beispiel schildert
ihre Probleme so:

»Unser Ältester macht mir viel Sorgen. Er hat noch drei
Geschwister, die sich ständig vor ihm in Acht nehmen
müssen. Jan – so ist sein Name – muss immer den Ton angeben. Er will den ›Boss‹ spielen, und alles soll auf sein
Kommando hören. Damit tyrannisiert er die anderen. Er
kann auch nicht verlieren. Wenn die Kinder zusammen
spielen, endet es meist mit Gebrüll und Krach! Wenn Jan
merkt, dass er verliert, macht er Terror. Er mogelt, wirft die
Spielsachen durcheinander, hört plötzlich auf und schlägt
dann aus nichtigem Grund eins seiner Geschwister. Alles
ist so widersprüchlich bei ihm. Er hat eine riesige Klappe
und schreit durchs ganze Haus. Allerdings, wenn er draußen ist, dann traut er sich nicht, sich aktiv und selbstbewusst zu behaupten. Er frisst vieles in sich hinein. Offen-
herzig und anschmiegsam kann er auch nicht sein. Ich
darf ihm keinen Kuss geben, und er lässt sich auch nicht in
den Arm nehmen. Er verhält sich richtig missmutig. Und
eifersüchtig ist er zudem auch noch.«

Frau Wagner hat uns hier einen Ältesten geschildert,
wie er häufig vorkommt. Viele der von ihr beschriebenen
Charakterzüge finden wir auch bei anderen wieder. Wenn
zum Beispiel ein weiteres Geschwisterchen geboren wird,
sind es die ältesten Kinder, die am eifersüchtigsten reagieren. Die viel zitierte Eifersucht ältester Kinder hat Fachleute inspiriert, von einem »Entthronungs-«, »Eifersuchts-«,
»Aggressions-Verhalten« zu sprechen.

KAPITEL 3

Geschwisterkonstellation und Lebensstil

Die Familien- und Geschwisterkonstellation ist ein wesentlicher Faktor, der den Lebensstil eines Menschen kennzeichnet und beeinflusst.

»Lebensstil« ist ein Begriff, der von Alfred Adler geprägt wurde. Er beinhaltet den zielgerichteten Gesamtentwurf eines einmaligen Menschen. Zum ersten Male wurde er 1926 in Adlers Schriften erwähnt.

Umschreibungen des Lebensstils

Die Frage nach dem Lebensstil kann man auch mit anderen Formulierungen stellen:

- Wie lautet mein *Lebensskript?*
- Was ist meine *private Weltanschauung?*
- Was drückt mein bewusster oder unbewusster *Lebensplan* aus?
- Welche *private Logik* treibt mich?
- Welchem *Lebensschema* fühle ich mich verpflichtet?
- Was ist meine Art *zu denken, zu fühlen und zu handeln?*
- Was ist *meine Art zu lieben?*
- Was ist *meine Art zu arbeiten?*
- Welche *Ziele* verfolge ich im Leben?
- Welche *Persönlichkeitsstruktur* spiegele ich wider?
- Welche *Charaktereigenarten* haben mein Leben geprägt?

■ Welche *Wertvorstellungen* realisiere ich im Leben?
■ Welche *Glaubenseinstellungen* kennzeichnen mein Leben?

Je kürzer, präziser und auf den Punkt gebracht unser Lebenskonzept formuliert werden kann, desto hilfreicher kann jemandem in Seelsorge, Beratung und Therapie geholfen werden. Anders ausgedrückt: Je klarer der Mensch sich selbst erkennt und versteht, desto konkreter weiß er selbst, was er tun muss,

– wenn Probleme auftauchen,
– wenn sich Beziehungsschwierigkeiten zeigen,
– wenn sich Minderwertigkeitsgefühle breit machen,
– wenn er versagt,
– wenn er mit Angst, Misstrauen, Zweifel und Befürchtungen reagiert.

Zusammenfassend können wir also sagen: Der Lebensstil verkörpert unsere Lebens- und Wertüberzeugungen, die zentralen Verhaltensmuster, die uns Menschen im Kern charakterisieren. Er beinhaltet unsere Glaubens- und Lebensprobleme. Er zeigt die Einflüsse des Elternhauses, ist aber im Wesentlichen abhängig von der Vererbung.

Somit ist der Lebensstil auch eine Schöpfung des Kindes. Das Kind übernimmt positive und negative Verhaltensmuster. Es lernt aus Versuch und Irrtum und macht Erfahrungen mit Eltern und Großeltern, mit Geschwistern und anderen Menschen. Diese positiven und negativen Erfahrungen werden kreativ verarbeitet und in den Lebensstil eingebaut.

Es ist natürlich unmöglich, alle Einzelheiten eines Menschen genau zu erfassen. Sie würden uns auch verwirren, denn wir hätten einige hundert Elemente, Eigenschaften und Motive vor uns liegen. Entscheidend sind Leitlinien, die unserem Leben das kennzeichnende Gepräge geben.

Welche Ziele bestimmen unser Leben?

Kennen wir die Ziele eines Menschen, kennen wir auch seine Einstellung und Reaktionsmuster.

Unter Zielen verstehen wir

- die *Grundüberzeugungen,* die sich durch alle Handlungen und Bewegungen im Leben wie ein roter Faden ziehen;
- die *Leitideen,* die den Betreffenden in Familie, in Schule, Beruf und Zusammenleben bestimmen;
- die *Lebensmaxime,* die weitgehend unbewusst das Denken, Fühlen und Handeln steuern.

Unter Zielen werden nicht konkrete Aufgaben verstanden, die der Mensch in der nahen oder fernen Zukunft erreichen will. »Ich will das Abitur machen!« oder »Ich will eine Familie gründen!« gehören somit nicht dazu.

Wie können wir die Grundüberzeugungen, die Glaubens- und Wertvorstellungen und die Leitideen eines Menschen erkennen?

Diese Lebensziele kommen auf allen Gebieten der Begegnung zur Sprache. Die bewussten und unbewussten Handlungsmuster kommen in der Begegnung mit Eltern, älteren und jüngeren Menschen, mit Vorgesetzten und Partnern ans Licht. Diese Lebensziele zeigen sich auch in Problemen und Konflikten mit Menschen. Meine Konflikte, Reibungen und Verhaltensauffälligkeiten spiegeln meine Lebensgrundüberzeugungen wider.

Spitznamen und Lebensziele

Spitznamen und Namen, die zur Beschreibung eines Menschen dienen, deuten ebenfalls auf Lebensziele hin. Mit *einem* Wort werden hierbei Menschen charakterisiert, mit *einem* Wort werden zentrale Einstellungsmuster beschrieben. Wir sprechen nicht umsonst

- vom Intriganten,
- vom Besserwisser,
- vom Oberlehrer,
- vom Windhund,
- vom Feigling,
- vom Gerechtigkeitsfanatiker,
- vom Schlappschwanz,
- vom Schlitzohr,
- vom Menschen, der über Leichen geht.

Nehmen wir das Beispiel des »Besserwissers«.
Ich hatte einen 42-jährigen Mann in der Beratung, der als Besserwisser galt. Diese Eigenschaft kam sehr schnell zur Sprache, weil praktisch alle seine Probleme durch Besserwisserei ausgelöst wurden. Er hatte auch einen Beruf, der zu ihm passte, er war nämlich Korrektor in einem großen Schulbuchverlag. Kein anderer kannte sich im Regelwerk des Schreibens besser aus als er. Seine Fehlersuche machte ihm eine diebische Freude, wohingegen seine Verlagsleiter und die Autoren ständig Auseinandersetzungen mit ihm hatten.
Auch in seiner Ehe, in seiner Familie und in der Kirchengemeinde, in der er engagiert mitarbeitete, gab es Schwierigkeiten mit ihm. Eine Scheidung hatte er bereits hinter sich, weil die Ehefrau seine ständige Kritik nicht mehr ertragen konnte. Sein Perfektionismus war kaum auszuhalten.
Der Grund seines Kommens war eindeutig: »In meiner

Gemeinde bin ich Ältester und habe einen Konflikt mit dem hauptamtlichen Jugendreferenten. Er lebt unverheiratet mit seiner Freundin in einer gemeinsamen Wohnung. Ich habe ihm gekündigt, weil sein Verhalten mit biblischen Maßstäben unvereinbar ist. Der Pastor und der Schatzmeister stehen ganz auf meiner Seite. Der Mann ist bei jungen Leuten sehr beliebt, und jetzt wollen 20 Leute aus der Gemeinde austreten. Ich brauche dringend Ihren Rat.«

Sein klares Zeugnis in dieser Problematik kann ich verstehen. Aber die übrigen Probleme haben ihm und der Familie schon viel Ärger und Konflikte beschert.

»Ich gelte nur etwas, wenn …«

Eine Hilfe, um die Hauptziele eines Menschen kennen zu lernen, ist die oben formulierte Frage: »Ich gelte nur etwas, wenn …« Sie drückt Überzeugungen aus, die diese Menschen in Beziehungen, im Selbstverständnis, in Arbeit und Beruf, im Umgang mit Werten und im Umgang mit Glaubensfragen kennzeichnen.

Lassen Sie uns einen kleinen Test machen! Ich möchte Ihnen zeigen, wie auch Sie Ihre Hauptziele kennen lernen können. Denn Stärken und Schwächen, Vorteile und Nachteile, Gaben und Gewohnheiten sind gut ablesbar, wenn jeder für sich – egal ob als Einzelkind, als jüngstes Kind oder in welcher Position auch immer – drei bis fünf Antworten auf diese Aussage gibt. Die Frage selbst umfasst drei Varianten:

- »Ich gelte nur etwas, wenn …«
- »Ich fühle mich gut, wenn …«
- »Ich fühle mich angenommen und bestätigt, wenn …«

Wählen Sie von den drei Formulierungen diejenige aus, die Ihren Einstellungen am ehesten entspricht. Sie können auch alle drei benutzen. Versuchen Sie dann auf diese etwa drei bis fünf Antworten zu geben,

- die Ihre *Ziele* charakterisieren,
- die Ihre *Erwartungen* formulieren,
- die Ihre *Wünsche* wiedergeben
- und die Ihre *Überzeugungen* spiegeln.

Wenn Sie die Aussagen niedergeschrieben haben, versuchen Sie, Ihre Antworten zu gewichten. Welche Antwort trifft Ihre Lebensüberzeugung am besten? Welche ist Ihnen als zweite wichtig?

Mögliche Antworten können lauten:

- »Ich gelte nur etwas, wenn ich anderen Menschen gefalle.«
- »Ich fühle mich gut, wenn ich ein hohes Maß an Freiheit genieße.«
- »Ich fühle mich angenommen und bestätigt, wenn ich alles unter Kontrolle habe.«

Wie interpretieren wir die Antworten?

Dies möchte ich ebenfalls an einem Beispiel verdeutlichen:

»Ich gelte nur etwas,

- wenn ich durch Leistung Anerkennung bekomme,
- wenn ich anderen Menschen gefalle,
- wenn ich bei anderen Menschen ankomme.«

Diese Antworten stammen von einem Ratsuchenden. Er hat sie auch in dieser Reihenfolge formuliert. Welche Eigenschaften und Verhaltensmuster verstecken sich dahinter?

Der Ratsuchende sagte im Laufe einiger Gespräche folgende Sätze über sich, die ich mir notiert habe:

- »Ich bin ein Workaholic, ein Arbeitssüchtiger. Für mich zählt in erster Linie Leistung!«
- »Ich kann schlecht Nein sagen!«
- »Ich kann schlecht widersprechen!«
- »Ich kann unter bestimmten Umständen meine Meinung ändern!«
- »Ich hänge mein Fähnchen nach dem Wind!«
- »Ich kann nur schwer andere mit etwas konfrontieren!«
- »Ich bin in meiner Ehe und im Beruf nachgiebig!«
- »Ich bin inkonsequent und lasse mich von anderen Menschen leicht beeinflussen!«
- »Ich gewinne Anerkennung durch Leistung!«
- »Ich bin liebenswürdig, leider ist das nicht immer echt!«
- »Ich bin pflegeleicht, weil ich anderen Menschen keinen Ärger machen will!«
- »Ich bin unzuverlässig!«
- »Ich kann gut Komplimente machen!«
- »Ich bin Christ. Als solcher muss ich immer aktiv sein!«
- »Ich denke, dass ich Gott durch Leistung gefallen muss!«

Auswertung:
Der Lebensstilschlüssel beinhaltet die drei Aussagen.
Die 15 weiteren Eigenschaften münden – ohne Ausnahme – in die drei Hauptüberzeugungen ein. Der »rote Faden« wird durch die Ziele und Motive bestimmt.

Der Lebensstilschlüssel beinhaltet:

- Stärken und Schwächen,
- Positives und Negatives,
- Glaubensaussagen, die positiv klingen, und Glaubensaussagen, die problematisch sind.

Für den Berater und Seelsorger ergeben sich wichtige Erkenntnisse:

- Der Ratsuchende kommt gut an.
- Der Ratsuchende ist beliebt.
- Der Ratsuchende steht aktiv im Leben.

Aber der Ratsuchende muss lernen,

- einhelliger und übereinstimmender zu sein,
- konsequenter Nein zu sagen,
- seine Nachgiebigkeit einzuschränken.

Der Ratsuchende muss sein Christsein überprüfen:

- Er nimmt es mit der Wahrheit nicht genau.
- Er kann inkonsequent und unzuverlässig sein.
- Er kann mit seiner Freundlichkeit heucheln.
- Er will Gott mit Leistung gefallen.

Die Stellung der Mutter in der Familie – ein Selbsterforschungsfragebogen

	stimmt nicht	stimmt
Sie war fordernd.		
Sie war streng.		
Sie konnte loben und ermutigen.		
Sie war gewährend.		
Sie verlangte wenig.		
Sie hat sich viel mit mir beschäftigt.		
Sie war sensibel.		
Sie war dominant in der Ehe.		
Sie war zugänglich für unser Anliegen.		
Sie war interessiert, was wir planten.		
Sie war gerecht.		
Sie war sehr fromm.		
Sie war in Glaubensdingen liberal.		
Sie war kein Christ.		
Sie war parteiisch.		
Sie war ungerecht.		
Sie war einschüchternd.		
Ich war Mutters Liebling.		
Ich war Mutters Sorgenkind.		
Ich wurde verwöhnt.		

Was kennzeichnete meine Mutter noch?

_____

_____

Was habe ich von meiner Mutter übernommen?

_____

_____

Was kommt von meiner Mutter in meinem Lebensstil vor?

_____

_____

Die Stellung des Vaters in der Familie – ein Selbsterforschungsfragebogen

	stimmt nicht	stimmt
Er war distanziert.		
Er war bestimmend.		
Er war autoritativ.		
Er war streng.		
Er war gerecht.		
Er war ein Kritiker.		
Er war ein Ermutiger.		
Er war großzügig.		
Er war perfektionistisch.		
Er war an meinen Neigungen interessiert.		
Er war an meinen Neigungen nicht interessiert.		
Er war parteiisch.		
Er war ein Helfer und Unterstützer.		
Er war ehrgeizig.		
Er war dominant in der Ehe.		
Er war dominant in der Familie.		
Ich war Papas Liebling.		
Ich war Papas Sorgenkind.		
Ich wurde von ihm verwöhnt.		

Was kennzeichnet meinen Vater noch?

_____

_____

Was habe ich von meinem Vater übernommen?

_____

_____

Was kommt von meinem Vater in meinem Lebensstil vor?

_____

_____

Die Macht der Erwartungen

Im Zusammenleben von Eltern und Kindern, die sich gegenseitig beeinflussen, werden Erwartungen geweckt und
gefördert. Das können positive und negative Erwartungen
sein. Sie können in Bewegung setzen, können begeistern,
aber auch bremsen.

Ein anderes Wort für _Ziele,_ die Kinder – und später Erwachsene – verfolgen, sind _Erwartungen._

Erwartungen sind die stärkste Kraft im menschlichen
Leben. Sie bestimmen unsere Aktivität und unsere Passi-
vität, motivieren unser Handeln und setzen ungeahnte
Energien im Menschen frei.

Allerdings gibt es auch negative Erwartungen. Angst
zum Beispiel ist fast immer Erwartungsangst. Erwartungsangst beinhaltet, dass etwas schief geht, dass etwas miss-
lingt oder dass ein Unglück eintrifft.

Pessimisten sind Pechvögel. Sie erwarten, dass sie versagen, im Regen stehen und keinen Erfolg haben. Und Wissenschaftler haben herausgefunden, dass sie tatsächlich in
85 % der Fälle Recht behalten.

Warum ist das so?

Sie bewegen sich so, dass sie den Hebel an der falschen
Stelle ansetzen, die Kräfte am falschen Platz postieren und

sich so auf ein Ziel zubewegen, dass sie vom Pech verfolgt werden. Sie packen alles falsch an, weil sie nicht überzeugt sind. Sie bewegen sich so ungeschickt, dass der Erfolg ausbleibt.

Welche Kraft Erwartungen freisetzen können, machen Versuche mit Placebos, mit Scheinmedikamenten, deutlich.

Placebos haben objektiv keine medizinische Wirkung. Sie bestehen aus zum Beispiel Wasser, Mehl und Farbstoffen. Die Forscher arbeiten gern mit so genannten Doppelblindversuchen, das heißt, Ärzten wird das Placebo gegeben, aber mit der Versicherung, dass es sich um ein neuartiges Medikament handelt, das sich als besonders effektiv erwiesen hat. Die Ärzte verabreichen dieses »Medikament« im guten Glauben, dass es den Patienten helfen kann.

Ein Patient erhält beispielsweise Placebos, damit er besser schlafen kann. Die Tabletten sind schön groß und sehen grün aus – die Farbe der Hoffnung. Je mehr der Arzt selbst von der Wirkung der Placebos überzeugt ist, weil er sie ja als wirksames Medikament erhalten hat, desto größer ist auch die Wirkung bei den Patienten. Die Heilwirkung lag annähernd bei 90 %.

Optimisten sind das Gegenteil von Pessimisten. Sie erwarten, dass alles klappt, dass alles gelingt, was sie vorhaben. Und sie haben Recht damit, denn in 85 % aller Fälle haben sie in der Tat Erfolg. Optimisten haben eine Einstellung, die es ihnen möglich macht, ihre Kräfte zur richtigen Zeit, am richtigen Platz und in der rechten Weise einzusetzen.

Optimismus und Glaube haben etwas Verwandtes. Auch der gläubige Mensch, der sich rückhaltlos auf Gott verlässt, wird in seinem Glauben belohnt. Christus sagte eines Tages zu seinen Jüngern, als sie ihn enttäuscht fragten, warum sie einen bösen Geist nicht austreiben konnten:

»Weil euer Vertrauen (euer Glaube) nicht groß genug war. Ich versichere euch: Wenn euer Vertrauen auch so groß ist wie ein Senfkorn, dann könnt ihr zu diesem Berg sagen: ›Geh von hier nach dort‹, und er wird es tun. Dann ist euch nichts mehr unmöglich.« (Matthäus 17, 20–21)

Wenn wir über dieses Wort von Jesus nachdenken, dann wird deutlich, wie kümmerlich unser Glaube ist, wie kleinmütig wir reagieren und wie skeptisch wir an viele Dinge herangehen.

Vor diesem Hintergrund betrachtet, verrät ein anderes Wort von Jesus, was schwacher und starker Glaube beinhaltet.

»Als Jesus von dort wegging, liefen zwei Blinde hinter ihm her und riefen: ›Du Sohn Davids, hab Mitleid mit uns.‹ Als er ins Haus ging, folgten sie ihm, und er fragte sie: ›Traut ihr mir denn zu, dass ich euch helfen kann?‹ ›Aber ja, Herr‹, antworteten sie. Da berührte Jesus ihre Augen und sagte: ›Was ihr mir zutraut, das soll geschehen.‹ Da konnten sie sehen.« (Matthäus 9, 27–29)

Mit anderen Worten:

- Unser Glaube entscheidet über unsere Effektivität als Christ.
- Unser Glaube hat Einfluss auf die Konstellationen unseres Lebens.
- Unser Vertrauen zu Jesus ist das Urteil über Gelingen oder Misserfolge.
- Unser Vertrauen zu ihm beschert uns erfüllte Erwartungen.

Fragen zur Selbstprüfung

Wie schätzen Sie Ihren christlichen Glauben ein?

- Haben Sie ein grenzenloses oder ein bescheidenes Vertrauen zu Jesus?
- Machen Sie Ihre Eltern, Ihre Geschwister oder Gott dafür verantwortlich, wenn Sie nur ein eingeschränktes Vertrauen haben?

Ergänzen Sie den folgenden Satz bitte fünfmal:

Ich erwarte, dass _____

Ich erwarte, dass _____

Ich erwarte, dass _____

Ich erwarte, dass _____

Ich erwarte, dass _____

Vergleichen Sie die Antworten mit den Ergänzungen auf Seite 34: »Ich gelte nur etwas, wenn ...«

Welche Kernaussagen und Lebensstilschwerpunkte schälen sich aus Ihren Antworten heraus?

KAPITEL 4

Mein Ein und Alles –
das Einzelkind

Einzelkinder sind Menschen, die ohne Brüder und Schwestern aufgewachsen sind. Es sind häufig außergewöhnliche Kinder. Es trifft auf sie vieles zu, was für Älteste gilt.

Einzelkinder wollen sich durchsetzen, stets das Heft in der Hand behalten, über alle bestimmen und den Eltern gefallen. Nicht wenige Einzelkinder sind Streber, fallen aus dem Rahmen, wollen das Besondere, sind risikobereit und außerordentlich erfolgreich.

Der Trend zum Einzelkind ist in unserer Gesellschaft unübersehbar. In jeder zweiten Familie wächst heute bereits ein Einzelkind heran.

Beim Einzelkind sind die Konfliktmöglichkeiten geringer. Es fehlen die Geschwister, das Kind ist somit in vielerlei Hinsicht auf sich allein gestellt. Bilden dagegen die Eltern eine geschlossene Front, kann das zu einer trostlosen Vereinsamung des Kindes führen. Oder das Kind wird in die zwischenmenschlichen Probleme der Eltern mit einbezogen, wodurch es zur seelischen Überbelastung kommt.

Einzelkinder hatten früher eine »schlechte Presse«

In Amerika ist das Ansehen der Einzelkinder noch schlechter als in Deutschland. Dort herrscht noch heute die Meinung vor: »Ein Einzelkind ist kein Kind.«

Es wird gesagt:

- Das Einzelkind kann nicht ohne Schädigung heranwachsen.
- Das Einzelkind ist verwöhnt.
- Das Einzelkind hat kein Gegenüber, das in etwa seinem Alter entspricht.

Überall werden Einzelkindern einige Schwächen angehängt.

- Sie wollen im Mittelpunkt der Beachtung stehen.
- Sie haben das Gefühl, etwas Besonderes zu sein.
- Sie wollen nur genießen, während andere ihnen alles besorgen müssen.
- Sie haben Partnerschaft und den kameradschaftlichen Umgang nicht gelernt.
- Sie reagieren mit Lern- und Leistungsstörungen, wenn sie in der Klasse abgelehnt werden.
- Sie wollen den Mitspielern und Mitmenschen ihren Willen aufdrängen.
- Sie werden oft krank und reagieren »kränklich«.
- Sie haben alles bekommen, und alles wird ihnen vorgekaut.
- Sie reagieren weinerlich, ängstlich und unentschlossen.
- Sie haben Schwierigkeiten mit einer selbstständigen Tätigkeit.
- Sie werden im späteren Leben versagen.

Es ist keine Frage, solche Lebenseinstellungen sind möglich, aber nach neuesten wissenschaftlichen Erhebungen nicht die Regel. Wir haben es hier mit Vorurteilen zu tun, die sich nicht bestätigt haben. Auch die sozialen und zwischenmenschlichen Schwächen wurden so nicht bestätigt.

Sind Einzelkinder auch Einzelgänger?

Nicht wenige Einzelkinder entwickeln sich in der Tat zu Einzelgängern. Sie sind dann sich selbst und anderen gegenüber besonders kritisch. Ihre Kontakte waren im Wesentlichen auf Vater und Mutter gerichtet, von daher können sie gut mit Erwachsenen umgehen, haben aber Schwierigkeiten mit Angehörigen der eigenen Altersgruppe.

Da es Einzelkinder in der Hauptsache mit Eltern und Erwachsenen zu tun haben, die häufig auch hohe Ansprüche an das Kind stellen, entsteht eine Diskrepanz zwischen Ideal und Realität.

- Einzelkinder erscheinen fröhlich und heiter, sind aber häufig mürrisch.
- Sie erscheinen energiegeladen und fleißig, sind aber häufig müde und müssen sich zwingen, Arbeiten zu erledigen.
- Sie erscheinen selbstsicher, sind aber oft unsicher und leben von der Anerkennung anderer.
- Sie erscheinen als Perfektionisten, sind aber mit ihren Leistungen und Anstrengungen unzufrieden.

Die körperliche und seelische Gesundheit

Wie steht es mit der körperlichen und seelischen Gesundheit der angeblich egoistischen, kontaktarmen und verzärtelten Einzelkinder?

Nach neuesten Untersuchungen in China, wo die Regierung das Einzelkind zur Norm gemacht hat, sind die meisten Einzelkinder körperlich besser entwickelt als Kinder mit vielen Geschwistern. 80 % sind größer und 90 % schwerer als Kinder mit mehreren Geschwistern. Im Intelligenztest schnitten sie besser ab als Kinder aus großen Familien. Im Allgemeinen sind sie wortgewandter, weniger psychisch krank und von ihrer Persönlichkeit früher entwickelt.

Einzelkinder sind oft erfolgreich

Ein Beleg für diese These ist, dass von den 23 Apollo-Astronauten 21 erstgeborene Kinder oder Einzelkinder waren; dass die drei Apollo-Astronauten William Anders, Frank Borman und James Cowell, die in der Zeitschrift »Time Magazine« zu den Männern des Jahres gewählt wurden, Einzelkinder waren.

Eine amerikanische Universität untersuchte in einem Zeitraum von zehn Jahren die Männer und Frauen, die auf dem Titelblatt der Zeitschrift »Time Magazine« den Lesern als überragende Köpfe vorgestellt worden waren. Von den 215 Männern waren 59 älteste Kinder und 58 Einzelkinder. Die Wissenschaftler schlossen daraus, dass Erstgeborene und Einzelkinder mit überproportionaler Häufigkeit auf den Titelblättern erschienen und damit erfolgreicher waren.

Woran liegt das?

- Einzelkinder können sich offensichtlich stärker mit ihren Eltern identifizieren;
- Einzelkinder können leichter die elterlichen Ziel- und Karrierevorstellungen übernehmen;
- Einzelkinder können sich leichter mit Autoritäten und gesellschaftlichen Institutionen identifizieren;
- Einzelkinder haben in der Regel hohe intellektuelle Fähigkeiten, weil diese stark gefördert wurden;
- Einzelkinder können sich in der Regel sehr gut verbal äußern.

Viele weltbekannte Regierungsoberhäupter waren Einzelkinder. Dazu gehören: Alexander der Große, Josef Stalin,
Königin Victoria, Indira Gandhi und Franklin D. Roosevelt.

Eltern von Einzelkindern sind oft eher bereit, ihren Kindern eine optimale Ausbildung zu ermöglichen. Viele Einzelkinder machen auch aus dem Grund Karriere, weil die
Eltern ein höheres Einkommen haben und genug Geld für
Privatunterricht oder Sonderausbildungen aufbringen.

Einzelkinder haben in der Regel Druck erlebt und sprechen das auch an, wenn sie in Seelsorge und Beratung
kommen. Viele Eltern bestreiten allerdings, Druck auf ihr
Kind ausgeübt zu haben. Dagegen steht, dass Kinder und
Heranwachsende oftmals bestätigen,

- dass sie gedrängt wurden, besser zu sein als der
  Durchschnitt,
- dass sie mit Erwartungen konfrontiert wurden, die
  Eltern bewusst oder unbewusst aussprechen,
- dass sie allein waren oder sind und die Vorstellungen
  und Erwartungen der Eltern aus erster Hand zu spüren bekommen.

Zwei Arten von Einzelkindern

Daniela Liebich spricht von zwei Arten von Einzelkindern:
Das so genannte »Juwelkind« und das geplante »Einzelkind«.

*»Das Paar wollte ursprünglich viele Kinder haben, konnte
aber aus verschiedenen Gründen nur dies eine bekommen. Alle
Liebe und Fürsorge, aber auch alle Erwartungen werden auf dieses Kind konzentriert. Es wächst wie ein Prinz/eine Prinzessin
auf, wird oft stark verwöhnt. Und genau darin liegt die große
Gefahr. Das ›Juwelkind‹ wird überschüttet mit Zuwendung,*

*Aufmerksamkeit, körperlichen Zärtlichkeiten und leider oft
auch mit materiellen Dingen – Süßigkeiten, Spielzeug, Essen,
Geld und Klamotten.«[1]*

Das Juwelkind steht im Mittelpunkt. Die Eltern unterstützen ein starkes Selbstwertgefühl. Aber es wird nicht ange-
halten, etwa im Haushalt mitzuhelfen, selbstständig einzu-
kaufen, selbst zu kochen oder ganze Gerichte vorzubereiten
oder eigenverantwortlich sein Zimmer zu säubern oder im
Garten mitzuarbeiten.

Fragen an die Eltern:

- Wozu verwöhnen Sie Ihr Kind?
- Welche Erwartungen hegen Sie für sich und für das
  Kind?
- Soll das Kind eine schöne Kindheit haben oder aber
  Sie selbst?
- Haben Sie dem Kind gegenüber ein schlechtes Ge-
  wissen?
- Erwarten Sie von Ihrem Kind besondere Hilfsbereit-
  schaft, Höflichkeit und Dankbarkeit?
- Kennt das Kind finanzielle oder materielle Grenzen
  in Ihrer Familie?

Juwelkinder sind verwöhnte und überbeschützte Einzelkinder. Auf Schwierigkeiten und Lebensprobleme sind sie
wenig vorbereitet. Nicht wenige scheitern, wenn das
»Schicksal« zuschlägt.

Die »geplanten Einzelkinder«
Vielleicht sind beide Eltern Karrieremenschen. Sie wollen
beruflich etwas erreichen und stellen die Familie bewusst
an die zweite Stelle. Sie planen und wollen nur ein Kind.

Der Start ins Leben für dieses Kind verläuft anders.

- Es wird früh an Selbstständigkeit gewöhnt.
- Es muss sich selbst um Kontaktfähigkeit bemühen.
- Es wird von klein auf von Tagesmüttern, Babysittern oder anderen Personen betreut.
- Es muss lernen, sich abzunabeln und unabhängig zu werden.
- Es lernt, selbstständig zu denken, zu planen und zu handeln.
- Es bekommt viel Freiheit zur Selbstentfaltung, weil seine Eltern in erster Linie mit sich beschäftigt sind.

Psychische Störungen bei Einzelkindern

Probleme, die gehäuft bei Einzelkindern auftauchen, sind statistisch erfasst worden. Dazu gehören: neurotische Ticks, Kränkelei, Wehleidigkeit, Initiativlosigkeit und Clownerien.

Weil Einzelkinder im Mittelpunkt stehen, werden sie von ihren Müttern und Vätern auch intensiv beobachtet. Kleinste Wehwehchen werden überstark bewertet und gleich von Ärzten behandelt. Kinder wissen das und sind in der Lage, sich mit Kränklichkeit, Ängstlichkeit und Wehleidigkeit in Szene zu setzen.

Die Eltern tun alles, um ihnen das Leben leicht zu machen. Alles wird ihnen vorgekaut, alles wird ihnen abgenommen, alle Schwierigkeiten werden ihnen aus dem Wege geräumt.

Fast alle psychischen Störungen haben die Absicht, beachtet, geschont und in Schutz genommen zu werden. Eltern und Kinder spielen sich perfekt in die Hände, beide Parteien stellen sich aufeinander ein.

Was häufig bei Einzelkindern beobachtet wird

1. Das Einzelkind ist oft überbelastet.

Wie ist das zu verstehen? Professor Thomas von Kürthy, der eine Untersuchung speziell über Einzelkinder geschrieben hat, führt dazu aus:

»Konfliktmöglichkeiten sind viel geringer, da die Geschwistersphäre fehlt. Das Kind ist in vielerlei Beziehung auf sich gestellt. Bilden die Eltern gegen das Kind eine geschlossene Front, wie es häufig als pädagogisches Ideal dargestellt wird, so kann es zu einer trostlosen Vereinsamung des Kindes führen. Oder das Einzelkind wird in die zwischenmenschlichen Probleme der Eltern, also in die Elternsphäre, mit einbezogen, was leicht zu einer seelischen Überlastung führt.«[2]

Das Einzelkind lebt in einer Dreierbeziehung mit den Eltern und wird leicht in die ehelichen Auseinandersetzungen verstrickt.

2. Einzelkinder sind oft überbehütet.

Einzelkinder erfahren offensichtlich in stärkerem Maße Überfürsorglichkeit und Überbeschützung als andere Geschwister. Die emotionale Bindung an die Eltern ist stärker. Die Eltern sind augenscheinlich intensiver mit einem Kind beschäftigt und ziehen es in ihren Bann. Wie Professor von Kürthy in seiner Untersuchung herausfand, empfinden weit weniger Einzelkinder ihre Familie als autoritär. Die Eltern werden nicht als bevormundend und einengend verstanden, aber als überbeschützend erlebt.

3. Einzelkinder sind nicht häuslich.

Das ist verständlich. Nur wenige Mütter leiten ihre eigenen Kinder an, ernsthaft im Haushalt mitzuarbeiten und Beiträge für die kleine Gemeinschaft zu leisten. Ja, Einzelkin-

der verstehen es sogar meisterhaft, ihre Eltern in Dienst zu
stellen und sich bedienen zu lassen. Von daher ist ihr Ego-
ismus – verglichen mit Kindern, die mehr Geschwister haben – beachtlich.

4. Einzelkinder sind kontaktbereit.

Das Vorurteil, das in der Annahme besteht, Einzelkinder
seien kontaktgehemmt und Einzelgänger, weil ihnen die
Geschwister fehlen, muss wahrscheinlich korrigiert werden. Zwar sind sie auf Erwachsene ausgerichtet, aber sie suchen intensiv Kontakte und Beziehungen zu Gleichaltri-
gen, stärker sogar als Mittelkinder und Älteste, wie jüngste
Untersuchungen gezeigt haben. Weil Einzelkinder in der
Regel eine gepflegte Sprache sprechen oder sich gar »alt-
klug« ausdrücken, wurde bei ihnen eine größere Kontakt-
unfähigkeit vermutet.

5. Einzelkinder sind oft optimistisch.

Sie stehen im Mittelpunkt der Beachtung. Ihre Eltern geben ihnen die erforderliche Ermutigung. Und Einzelkinder
sind die alleinigen Nutznießer all dessen, was die Familie
zu bieten hat. Sie erhalten die ungeteilte Zuwendung und
Liebe. Alle Zustimmung und Anleitung gelten ihnen allein.
Auch eine gewisse Individualität und der Stolz der Eltern
auf das einzige Kind fördern den Optimismus.

6. Männliche Einzelkinder werden von Müttern
stark begünstigt.

Jungen werden als Einzelkinder von ihren Müttern oft
mehr begünstigt als Mädchen. Der Junge kann durchaus
aggressiv sein, wird aber im Allgemeinen den Wünschen
der Mutter Folge leisten, um die Beziehung zu erhalten.

Einzelmädchen zeigen hingegen oft extreme Verhaltensweisen. Entweder sind sie übertrieben folgsam, oder aber
sie weigern sich völlig, den Wünschen der Mütter nachzu-
kommen.

Viele männliche Einzelkinder finden sich später als
»Muttersöhnchen« wieder. Sie haben Schwierigkeiten mit
dem anderen Geschlecht, weil die Abnabelung von der
Mutter nicht vollzogen wurde.

Erziehungstipps für Einzelkinder

Viele Einzelkinder sind heiß ersehnt, verzweifelt erwartet
und sollen der Beleg einer großen Liebe sein. Andere sind
bis hin zum Geburtsdatum vorgeplant, genau gezeugt und
ins Lebenskonzept einprogrammiert.

Je nach Vorstellung der Eltern ergeben sich unterschiedliche Erziehungskonzepte.

1. Sie müssen von klein auf Beziehungen pflegen.
Einzelkinder haben kein Gegenüber, etwa im gleichen Alter. Sie sprechen mit Erwachsenen und stellen sich auch
ganz auf Erwachsene ein.

Das Einzelkind darf sich nicht vor dem Kindergarten
drücken. Falsche Rücksicht, etwa wenn es quengelt und den
Besuch verweigert, macht sich im Leben negativ bemerkbar.

2. Sie brauchen von klein auf Kameraden und Freunde.
Da die Freundschafts- und Beziehungsfähigkeit bei Einzelkindern eingeschränkt sein kann, benötigt es Kontakte zu
Kindern in der Schule und zu Freunden in Schule und
Vereinen. Eltern müssen das Kind ermutigen, Kameraden
und Freunde einzuladen und ein offenes Haus zu praktizieren. Sie sollten dem Kind erlauben, Kameraden und

Freunde aufzusuchen und mit ihnen intensive Kontakte zu pflegen.

3. Sie dürfen nicht überfordert werden.

Eltern übersehen leicht, dass Einzelkinder einem großen Erwartungsdruck der Eltern ausgesetzt sind. Aus Kindern werden frühzeitig junge Erwachsene, weil ihre Eltern viel zu oft Wünsche, Leistung und Ehrgeiz zur Sprache bringen. Alle Wünsche und Erwartungen sind nur auf *ein* Kind gerichtet.

4. Sie dürfen nicht verwöhnt und überbeschützt werden.

Beides wirkt sich nachteilig auf alle Kinder aus, besonders aber auf Einzelkinder. Das verwöhnte Einzelkind wird egoistisch, unsozial und lebt auf Kosten anderer. Das überbeschützte Einzelkind wird unselbstständig, hilflos und lässt sich später bedienen.

Beide Praktiken haben etwas mit dem erzieherischen Hintergrund der Eltern zu tun.

5. Sie werden von der Erwachsenen-Welt dominiert.

Einzelkinder werden geboren und leben in einer Welt der Erwachsenen.

- Sie müssen sich an das *Erwachsenen-Essen* gewöhnen.
- Sie werden auf *Erwachsenen-Reisen* mitgenommen.
- Sie erleben ständig *Erwachsenen-Gespräche*.
- Sie müssen sich an ein *Erwachsenen-Leben* anpassen.

6. Sie dürfen nicht Vater und Mutter gegeneinander ausspielen.

Vater und Mutter sollten in Erziehungsfragen immer einer Meinung sein. Das trifft natürlich nicht nur auf Einzelkinder zu, sondern gilt auch bei mehreren Kindern.

Ein-Kind-Familien entsprechen einer instabilen Dreier-beziehung. Das bedeutet, dass immer zwei Mitglieder die Möglichkeit haben, sich miteinander zu verbünden. Sind die Eltern sich uneins, dividiert das Kind sie auseinander.

7. Sie dürfen nicht zu sehr geschont werden.

Einzelkinder stehen in der Gefahr, von Eltern zu sehr ge-schont zu werden. Mütter opfern sich für ihr Kind auf und übernehmen viel zu viele Aufgaben. Im Haushalt müssen Einzelkinder in der Regel zu wenig mitarbeiten, und auch sonst sind sie von Mitarbeit im weitesten Sinne befreit. Es ist keine Frage, dass diese eintrainierten Verhaltensmuster auch im späteren Leben beibehalten werden.

Verhaltensmuster der Einzelkinder – ein Selbsterforschungsfragebogen

Einzelkinder sind:	stimmt nicht	stimmt
Verwöhnt		
Empfindlich		
Unselbstständig		
Scheu		
Sensibel		
Introvertiert		
Wortgewandt		
Altklug		
Selbstbewusst		
Clever		
Selbstverliebt		
Auffällig		
Nicht einfühlsam		
Egozentrisch		

Einzelkinder sind:	stimmt nicht	stimmt
Anspruchsvoll		
Abhängig von der Mutter		
Stehen im Mittelpunkt		
Können schlecht teilen		
Vorlaut		
Kränklich		
Ehrgeizig		
Initiativlos		
Wehleidig		
Offen		
Ehrlich		
Distanziert		

Muster, die nicht genannt sind:

_____

_____

_____

Hilfen für die Auswertung

1. Es handelt sich hier um typische – und andere – Einstellungs- und Verhaltensmuster eines Einzelkindes.
2. Kreuzen Sie an, ob die Verhaltens- und Einstellungsmuster Ihrer Meinung nach für Ihr Einzelkind stimmen oder nicht.
3. Fehlen Verhaltensmuster auf dem Fragebogen, die Sie für Ihr Einzelkind für typisch halten? Bitte tragen Sie diese nach.
4. Gewichten Sie die angestrichenen Muster. Stellen Sie

die fünf wichtigsten Lebenseinstellungen heraus, die auf Sie zutreffen.

5. Welche Muster und Motive des Einzelkindes wollen Sie fördern, welche korrigieren?

6. Wenn Sie als Vater, Mutter oder als Erwachsener als Einzelkind herangewachsen sind, können Sie diesen Bogen ebenfalls ausfüllen.
   - Welche Muster und Eigenarten waren für Sie als Kind bestimmend?
   - Welche Muster und Eigenarten kennzeichnen Sie heute noch?
   - Welche Muster und Eigenarten von früher haben sich verändert?

7. Bitte ergänzen Sie folgende Aussagen. Wählen Sie von den zwei Formulierungen diejenige aus, die Ihnen am ehesten entspricht, und ergänzen Sie die Aussage:

Ich gelte nur etwas, wenn ich _____

Ich gelte nur etwas, wenn ich _____

Ich gelte nur etwas, wenn ich _____

Ich fühle mich gut, wenn _____

Ich fühle mich gut, wenn _____

Ich fühle mich gut, wenn _____

Wählen Sie bitte Aussagen aus, die Ihren Lebensgrundüberzeugungen entsprechen und die Sie am besten charakterisieren. Gewichten Sie anschließend die Reihenfolge der Aussagen.

KAPITEL 5

Wer zuerst kommt, mahlt zuerst – das älteste Kind

Erstgeborene sind in der Regel leistungsorientierter als jüngere Geschwister. Der gläubige Psychologe Kevin Lehman, der in Amerika als Familientherapeut tätig ist, schreibt dazu:

»Der weitaus größte Teil der Erstgeborenen landet in den ›Hochleistungsberufen‹ im naturwissenschaftlichen, medizinischen oder juristischen Bereich. Auch unter Wirtschaftsprüfern, Chefsekretärinnen, Ingenieuren und Computer-Cracks wird man Erstgeborene in großer Zahl finden. Die stürzen sich nämlich auf alles, was Genauigkeit, Konzentrationsfähigkeit und eiserne Disziplin erfordert.«[1]

Statistiken belegen weltweit, dass Erstgeborene in der Schule überdurchschnittlich erfolgreich sind. Sie erfüllen die Erwartungen der Eltern. In Vater und Mutter wählen Älteste ihre Vorbilder.

Woran liegt das?

- Sie werden für alle Anstrengungen gelobt.
- Sie werden von Eltern in die Rolle des Aufpassers gesetzt.
- Sie wollen und sollen Vorbild für kleine Geschwister sein.
- Sie wollen schneller erwachsen werden.

Insgesamt sind Erstgeborene im Allgemeinen

- sehr gewissenhaft,
- sehr zielorientiert,

– sehr perfektionistisch,
– sehr zuverlässig.

Erstgeborene werden anfangs verwöhnt.

■ Die teuersten und schönsten Babysachen werden ge-
kauft.
■ Sie hören, dass sie die schönsten, klügsten, liebsten
und niedlichsten Kinder sind, die man sich vorstel-
len kann.
■ Sie liegen im teuersten Kinderwagen.
■ Sie bekommen den kostspieligsten Musikunterricht.
■ Sie werden bestaunt und bewundert.

Viele Erstgeborene entwickeln sich zum *Musterkind*. Sie
wollen den Eltern und anderen Menschen gefallen. Sie reagieren in der Regel gehorsam, lassen sich von den Eltern
lenken und wirken als Vorzeigekinder.

Erstgeborene wollen im Allgemeinen das Heft in der
Hand behalten und lassen sich nicht die Butter vom Brot
nehmen, wie man es salopp formuliert. Von daher sind sie
pünktlich und können in der Regel gut organisieren. Sie
haben den Überblick und wollen den Überblick behalten.

Erstgeborene sind häufig »kleine Erwachsene«. Sie
schauen auf die Eltern, nehmen diese als Vorbild und wollen schon »groß« sein. Viele geben sich kämpferisch und
willensstark. Erstgeborene haben Vorrechte und wollen auf
diese Vorrechte auch nicht verzichten.

Sie dürfen zum Beispiel

– länger aufbleiben,
– schon bestimmte Sendungen im Fernsehen sehen,
– mit den Eltern mitfahren und Dinge erledigen, die
Jüngeren noch vorenthalten werden.

Viele Erstgeborene sind bestimmend und willensstark. Es sind engagierte und ehrgeizige Arbeiter.

- Sie arbeiten verbissen,
- stellen hohe Anforderungen an sich und andere,
- haben das Bedürfnis, im Mittelpunkt zu stehen,
- neigen dazu, sich zu überfordern.

Erstgeborene sind ernster und gewissenhafter, weil die Eltern sie konsequenter behandeln als die nachfolgenden Geschwister. Sie dürfen nicht aus der Reihe tanzen, und ihre Fehler werden nicht übersehen. Viele werden härter bestraft als die nachfolgenden Geschwister. Erstgeborene müssen perfekt sein und perfekt reagieren. Nicht wenige wollen überall zu den Besten gehören.

Wenn ein zweites Kind geboren wird

Dieser Vorgang hat für den Erstgeborenen weitreichende Folgen.

- Das Kind verliert seine *Einzigartigkeit*.
- Das Kind verliert seine *Stellung*.
- Das Kind verliert seine *Macht*.
- Das Kind verliert seine *Mittelpunktrolle*.

Wehe, wenn das zweite Kind tüchtiger ist

Aus der Beratungspraxis kenne ich viele Fälle, die ein Dilemma beim Erstgeborenen heraufbeschworen haben, wenn das zweite Kind tüchtiger, sportlicher, intelligenter und musikalischer ist.

Lukas ist der Zweitgeborene. Sein Bruder Malte, der Älteste, ist sehr introvertiert, distanziert und ein stilles Kind. Malte ist ausgesprochen gewissenhaft und zuverlässig, achtet auf seine Kleidung, macht sich nicht schmutzig und gibt sich in der Schule Mühe. Sein Bruder Lukas, zwei Jahre jünger, ist ein ausgesprochener Charmeur. Wo er geht und steht, strahlt er über das ganze Gesicht. Tanten, Omas, Nachbarinnen, sie alle sind hingerissen von Lukas. Er grüßt alle zuvorkommend, spricht sie mit Namen an und holt sich auf diese Weise seine Streicheleinheiten.

Mit sechs Jahren bekam Malte Klavierunterricht. Gewissenhaft lernte er seine Noten und absolvierte täglich seine Fingerübungen. Aber sein Spiel blieb steif und unbeweglich. Er spielte, wie er lebte.

Mit sechs Jahren bekam auch Lukas Musikunterricht. Er spielte leicht und mit großer Begeisterung. Seine Finger flogen über die Tasten. Schon nach einem Jahr spielte er am liebsten aus dem Kopf. Die Eltern und die Klavierlehrerin waren von seinem Spiel und seiner schnellen Auffassungsgabe begeistert.

Auf einem Schulfest sollte Lukas vorspielen. Er hatte geübt und legte sich sehr ins Zeug. Sein älterer Bruder Malte war stocksauer auf ihn, weil er mit der Vorführung eine richtige Show abzog.

Der Charmeur Lukas hatte die Herzen der Zuhörer gewonnen, aber bei seinem Bruder Malte war er völlig unten durch. Die beiden Brüder waren in einen andauernden, hässlichen Machtkampf geraten.

Was zeigt dieses Beispiel?

■ Ein Vierteljahr später stellte Malte das Klavierspiel ein. Selbst mit gutem Zureden war er nicht dazu zu bewegen, den Unterricht fortzusetzen. Er hatte die Nase voll, weil er gesehen hatte, dass er gegen seinen

Bruder auf musikalischem Gebiet nicht antreten konnte.

■ Lukas hingegen spielte seinen Trumpf aus. Er wurde zu Geburtstagen, Hochzeiten und sonstigen Festen eingeladen und spielte mit leichter Hand zu aller Unterhaltung beliebte Klavierstücke.

■ Malte wurde immer steifer, gewissenhafter und perfekter. In der Schule wurden seine Gewissenhaftigkeit und Zuverlässigkeit gelobt. Aber mit seiner absoluten Gradlinigkeit eckte er bei seinen Klassenkameraden an. Auch mit seiner übertriebenen Ernsthaftigkeit machte er sich keine Freunde.

■ Lukas spielte den pubertären Hallodri. Er wurde immer lockerer und nahm es mit Worten und Taten nicht immer genau.

■ In der Schule arbeitete Lukas nur das Nötigste. Ständig wurde ihm von den Lehrern sein ehrgeiziger und gewissenhafter Bruder vorgehalten. Aber er spielte in zwei Bands mit, war viel unterwegs und entpuppte sich als beliebter Kumpel.

■ Beide Kinder verstärkten sich sowohl positiv als auch negativ. Der Erstgeborene wurde immer perfektionistischer, steifer und korrekter, der zweite kultivierte seine leichte und lockere Seite. Beide waren in einen Konkurrenzkampf geraten, beide förderten gegenseitig ihre unterschiedlichen Einstellungsmuster.

Was häufig bei ältesten Kindern beobachtet wird

Ihr Überlegenheitsgefühl

Älteste Kinder nehmen häufig Verantwortung wahr, können führen und wollen den Ton angeben. Sie nehmen das Heft in die Hand und entscheiden. Ihre Ältestenrolle geben sie ungern preis. Erstgeborene werden häufig Wissenschaftler oder ragen in Berufen mehr hervor als ihre jüngeren Geschwister. Im Hinblick auf Motivation und Erfolg ist Der-Erste-Sein eine gute Position.

Ihr Gerechtigkeitssinn

Älteste Kinder haben oft einen ausgesprochenen Gerechtigkeitssinn. Dieses Gerechtigkeitsstreben hat allerdings wenig mit moralischer Qualität zu tun. Dahinter verbirgt sich vielmehr das Symptom »Eifersucht«.

- »Mutti, ist mein Apfel genau so dick wie der von Bernd?«
- »Vati, hat mein Geschenk auch so viel gekostet wie das von Daniela?«

Verantwortungsbewusste Eltern, die das Problem des gerechtigkeitsempfindlichen Kindes durchschaut haben, können antworten: »Du fragst eigentlich, ob deine Eltern dich auch so lieb wie dein jüngeres Geschwister haben.«

Der Gerechtigkeitssinn hat mit Leistung zu tun. Erstgeborene sagen in der Beratung nicht selten: »Meine Eltern bestätigten mich immer nur dann, wenn ich das getan habe, was sie von mir erwartet haben. Sie haben mich im Grunde nie richtig geliebt.«

Aus dieser Formulierung sprechen Eifersucht und Entthronungsgefühle.

Ihre Befürchtungen

In früheren Zeiten stand der Älteste noch höher im Kurs als heute. Er war Erbe und Stammhalter und wurde sehnlichst herbeigewünscht. In ihn wurden hohe Erwartungen investiert. Solche Erwartungen aber können eine falsche Selbsteinschätzung des Ältesten heraufbeschwören. In ihm

kann sich die *Befürchtung* breit machen, dass er der Stärkere, Größere, Ältere und Klügere sein *muss*. Ständig kann
ihm also die Angst im Nacken sitzen, diesen angenomme-
nen Anforderungen nicht zu entsprechen.

Ihr Misstrauen

Eltern, die autoritär vorgehen, Druck ausüben und die Ältesten mit hohen Erwartungen belasten, erleben, dass dieser Älteste beziehungsweise diese Älteste nach oben gegen
die *vorgesetzte* Autorität zu Felde zieht und nach unten für
seine persönliche Überlegenheit kämpft.

Eltern haben das erste Kind oft in den Mittelpunkt ge-
rückt, es mit Aufmerksamkeit überschüttet, verwöhnt und
übermäßig beschützt. Solch übermäßiger Schutz schadet
und hindert den Ältesten daran, selbstständig, leistungsfä-
hig und mutig das Leben anzugehen. Er ist auf die Erwachsenen eingestellt und hängt von ihnen ab. Kommt noch
ein weiteres Geschwisterchen, stürzen für ihn tausend Vorrechte in sich zusammen. Er zieht sich zurück, reagiert
misstrauisch, behält viele Dinge für sich und zeigt oft ein
etwas gehemmtes Verhalten im Umgang mit anderen Menschen.

Ihr introvertiertes Verhalten

Wenn sich Eltern zu stark um das Kind bemühen, wenn sie
es zu sehr von allen Seiten beobachten und kontrollieren,
dann können sie besonders das introvertierte Verhalten
ältester Kinder fördern. Da Eltern dem Ältesten immer die
Hauptzuwendungen angedeihen lassen, wird damit leicht
eine innere Abwehr mobilisiert. Das Kind wehrt sich,
schließt sich ab und kann zum Eigenbrötler werden. Das
introvertierte Verhalten prägt sich noch besonders stark
aus, wenn das zweite Kind sich extrem nach außen kehrt.
In der Tat gibt es mehr introvertierte älteste Kinder als ex-

trovertierte. Sie zeigen einen höheren Grad an Moralität, sind in der Regel konstruktiver und bürgerlicher als zweite Kinder.

Ihre Aggressivität

Erstgeborene entwickeln aktive und passive Proteste bis hin zu »Mordversuchen« an den jüngeren Geschwistern.

In der Beratung berichten uns Eltern:

- dass das Älteste hergeht und der Schwester mit der Schere die langen Haare abschneidet,
- dass es »zufällig« sein Geschwisterchen mit heißem Wasser verbrüht,
- dass es »zufällig« den Kinderwagen umstürzt, der sicher und fest im Zimmer gestanden hat,
- dass es völlig unachtsam mit seinem Bruder umgeht, wenn die beiden zusammen auf dem Spielplatz sind.

Die Eifersucht ist unverkennbar und äußert sich in aggressiven Verhaltensmustern gegen das nachgeborene Geschwister. Viele Eltern sind nach solchen Beobachtungen bereit, ihrem ältesten Kind gar eine kriminelle Gesinnung zu unterstellen.

Erziehungstipps für Erstgeborene

1. Kündigen Sie die neue Schwester/den neuen Bruder an!

Die Überraschung, plötzlich mit einem neuen Geschwisterchen konfrontiert zu werden, kann für viele Erstgeborene eine bittere Enttäuschung sein. Sie fühlen sich mit einem

Mal lediglich als Anhängsel und reagieren mit vielen Symptomen auf die ungewohnte Situation.

2. Machen Sie behutsam auf Nachteile aufmerksam!

Genauso wichtig wie die Ankündigung eines neuen Geschwisterchens ist die Vorbereitung des Kindes darauf, dass
es damit auch Nachteile zu erwarten hat. Die Mutter wird
sich jetzt vermehrt um das noch hilflose Baby kümmern
müssen. Viele Eltern möchten ihren Kindern die schmerzliche Erfahrung der Benachteiligung ersparen und schweigen lieber. Schweigen aber löst keine Probleme.

3. Lassen Sie das älteste Kind helfen!

Die Pflege des Geschwisterchens beansprucht von der Mutter viel Zeit und Kraft. Das älteste Kind fühlt sich deshalb
leicht ausgestoßen und abgeschrieben. Das hat zur Folge,
dass seine Eifersucht noch verstärkt wird. Wenn es aber bei
der Versorgung des Babys helfen kann, werden negative
Gefühle vermindert. Gezielte Mithilfe erzieht zum positiven Gemeinschaftsgefühl und zur Mitverantwortung.

4. Äußern Sie sich nicht übermäßig verzückt über das
Neugeborene!

Viele Eltern sind mit Recht stolz auf ihr Neugeborenes. Das
älteste Kind aber kennt solche Gefühle nicht. Es fühlt
sich entthront, benachteiligt und aus dem Mittelpunkt des
Interesses verdrängt. Äußern Eltern, Verwandte und Bekannte über der Wiege des Neuankömmlings sentimentale
Gefühle der Entzückung, kann das Erstgeborene traumati-
siert und seelisch verwundet werden. Ihm wird unbewusst
ein schmerzliches Gefühl der Minderwertigkeit vermittelt.
Älteste Kinder fühlen sich dadurch verraten und abgescho-
ben. Sie bekommen Schuldgefühle, weil sie denken, vielleicht etwas Böses getan zu haben und die Eltern sich des-

wegen ein weiteres Kind gewünscht haben, das sie jetzt mit Wohlwollen und lauter Entzücken überhäufen.

5. Überfordern Sie die Großen nicht!

Erstgeborene werden häufig von Eltern und Großeltern für die Betreuung der Kleinen eingespannt. Einige übernehmen die Rolle gern, weil sie dadurch bei den Eltern punkten können. Andere tun es nur widerwillig und lassen ihren Ärger an den jüngsten Geschwistern aus.

6. Machen Sie das erstgeborene Kind nicht für alle Konflikte im Kinderzimmer verantwortlich!

Wenn Eltern ihre Kinder im Kinderzimmer spielen lassen, erwarten Sie von den Ältesten, dass sie Konflikte verhindern und Geschrei unterbinden. Ja, sie neigen dann dazu, die Erstgeborenen für Wutausbrüche und schwere Zusammenstöße verantwortlich zu machen. Nehmen Sie nicht gleich die Jüngsten in Schutz, denn häufig sind es die Kleinsten, die provozieren und Auseinandersetzungen heraufbeschwören.

Verhaltensmuster der Erstgeborenen – ein Selbsterforschungsfragebogen

Das Erstgeborene	stimmt nicht	stimmt
ist willensstark		
ist ernsthaft		
ist gewissenhaft		
ist zuverlässig		
ist autoritär		
ist rechthaberisch		
ist dickköpfig		

Das Erstgeborene:	stimmt nicht	stimmt
ist energisch		
ist verantwortungsvoll		
ist perfekt		
ist strebsam		
ist leistungsorientiert		
ist konservativ		
ist ein Musterkind		
ist moralisch		
ist eifersüchtig		
ist gerecht		
will der Beste sein		
will führen		
will das letzte Wort behalten		
ist fürsorglich		
ist eigenwillig		
ist ein Kontrolleur		
ist unsensibel		
ist durchsetzungsfähig		
ist arrogant		

Was fehlt?

_____

_____

_____

Hilfen für die Auswertung

1. Hier sind die wichtigsten Einstellungs- und Verhaltensmuster aufgeführt, die auf Erstgeborene zutreffen.

2. Kreuzen Sie an, ob Ihrer Meinung nach diese Verhaltens- und Einstellungsmuster auf Ihr erstgeborenes Kind zutreffen oder nicht.
3. Fehlen Verhaltensmuster auf dem Fragebogen, die Sie für Ihr ältestes Kind für typisch halten? Bitte tragen Sie diese nach.
4. Gewichten Sie die angestrichenen Muster. Stellen Sie die fünf wichtigsten Lebenseinstellungen Ihres Erstgeborenen heraus. Unterscheiden Sie dabei nicht zwischen positiven und negativen Mustern!
5. Welche Muster und Motive des Erstgeborenen wollen Sie fördern? Welche Muster möchten Sie korrigieren?
6. Wenn Sie als Vater, Mutter oder als Erwachsener als ältestes Kind herangewachsen sind, können Sie diesen Bogen ebenfalls ausfüllen.
   – Welche Muster und Eigenarten waren für Sie als Kind bestimmend?
   – Welche Muster und Eigenarten kennzeichnen Sie heute noch?
   – Welche Muster und Eigenarten haben sich geändert?
7. Bitte ergänzen Sie folgende Aussagen. Wählen Sie von den zwei Formulierungen diejenige aus, die Ihnen am ehesten entspricht, und ergänzen Sie die Aussage. Geben Sie drei bis fünf Antworten.

Ich gelte nur etwas, wenn ich _____

Ich gelte nur etwas, wenn ich _____

Ich gelte nur etwas, wenn ich _____

Ich fühle mich gut, wenn _____

Ich fühle mich gut, wenn _____

Ich fühle mich gut, wenn _____

Wählen Sie bitte Aussagen aus, die Ihren Lebensgrund-überzeugungen entsprechen und die Sie am besten charakterisieren. Gewichten Sie anschließend die Reihenfolge der Aussagen. Welche Aussage steht an erster Stelle, welche an zweiter und welche an dritter?

Über die Eifersucht ältester Kinder – Kain und Abel

Älteste Kinder sind – statistisch gesehen – die eifersüchtigsten Kinder. Worin liegen die Ursachen?

- Sie wurden *entthront*.
- Sie wurden aus der Mittelpunktsrolle *katapultiert*.
- Sie wurden *deklassiert*.

Viele Älteste, sowohl Jungen als auch Mädchen, reagieren eifersüchtig. Sie fühlen sich infrage gestellt, fühlen sich und ihren Platz in der Gemeinschaft bedroht.

Kains Brudermord

Es ist immer wieder interessant zu sehen, wie gerade in der Bibel Geschichten vorkommen, die unser menschliches Verhalten beispielhaft schildern und illustrieren. Und auch zu der Problematik »Ältester« hat Gottes Wort etwas zu sagen. Gleich auf den ersten Blättern der Bibel wird uns nämlich die tödlich verlaufende Geschichte einer dramatischen Eifersucht berichtet. Die Erzählung beinhaltet die wichtigsten Aspekte dieser gefährlichen Eifersucht, wie sie bei Ältesten vorkommen kann.

Die heile Welt der Schöpfung ist vergessen. Der Cherub mit dem flammenden Schwert steht vor dem Garten Eden.

Und »jenseits von Eden« beginnen sich Rivalität, Konkurrenzstreben und Eifersucht breit zu machen. Sie bestimmen
fortan die Weltgeschichte. Menschen kämpfen um Leben
und Tod miteinander, sie streiten um einen Platz an der
Sonne. Der Stärkere triumphiert über den Schwächeren.

Und das Motiv?

Die Eifersucht, das »grünäugige Ungeheuer«, wie es
Shakespeare genannt hat, führt Kains Axt und beflügelt die
Menschen dazu, Dynamit, Phosphor, Raketen und Wasser-
stoffbomben zu erfinden, um die Konkurrenten auszu-
schalten.

Äußerst hellsichtig haben die Autoren der biblischen
Bücher, ohne Kenntnis der modernen Psychologie, die destruktive Macht der Eifersucht beschrieben. Die Geschichte
von Kain und Abel ist ein Modellfall für die Leidenschaft,
mit der Eifersucht Leiden schafft.

Das verzogene Kind

Zwischen den Zeilen wird deutlich, wie die Eifersuchtsla-
wine in Gang gesetzt wird. Eifersucht wird nicht vererbt.
Vielmehr ist sie das Produkt zwischenmenschlichen Ver-
haltens.

*»Adam erkannte sein Weib Eva, und sie ward schwanger
und gebar den Kain und sprach: Ich habe einen Mann gewonnen mit dem Herrn. Und sie fuhr fort und gebar den Abel, seinen
Bruder. Und Abel war ein Schäfer. Kain aber war ein Acker-
mann.« (1. Mose 4, 1–2)*

Mit der Geburt des Kain nimmt das Dilemma seinen
Lauf. Mutter Eva ist stolz auf den Sohn. Er soll die Würde
des Erstgeborenen tragen. Er soll der Inbegriff von Macht
und Stärke sein. Unverhohlen gibt Eva ihren Stolz kund:
»Ich habe einen Mann erworben!«

Söhne stehen hoch im Kurs. Eva schaut in das winzige Knäblein ihre Wünsche hinein. Ein Mann!

Unsere Wünsche und Vorstellungen kennzeichnen unseren Lebensstil. Sie deuten unsere Bewegungsrichtungen.

- Unsere Wünsche offenbaren unsere Welt.
- Unsere Wünsche offenbaren unsere Ziele.
- Unsere Wünsche offenbaren unsere geheimsten Gedanken.
- Unsere Wünsche offenbaren unsere Persönlichkeit.
- Unsere Wünsche offenbaren die Motive unseres Handelns.

Bereits in der Namensgebung des Erstgeborenen deutet Eva ihre Wunschvorstellungen an. Er soll herrschen! Sie als Mutter wird sich entsprechend verhalten. Ihr Vorurteil wird ihren Erziehungsstil prägen, ihre Vorstellungen werden das Familienklima beeinflussen.

Und dann wird Abel geboren. Abel steht von vornherein im Schatten seines älteren Bruders. Ihm wird der Name »Nichtigkeit« oder »Hinfälligkeit« gegeben. Schon der Name drückt seine Deklassierung aus:

- Er ist ein Nichts.
- Er ist ein Niemand.
- Er soll ein Niemand bleiben.

Mit der Ungleichheit der Rollen zu Beginn des Lebens wird der Same für das Unkraut Eifersucht gesät.

Abel ist abgestempelt. Schon bei seiner Geburt ist er für das zweite Glied vorgesehen. Ein schwerwiegender Erziehungsfehler wird sich bitter rächen.

Das *vorgezogene* Kind, das *verwöhnte* Kind, das *herausgestellte* Kind geht über Leichen, und zwar buchstäblich.

Wie kein anderer Psychologe hat Alfred Adler die Folgen der Verwöhnung und Bevorzugung beschrieben. Bevorzugung reizt zur Sonderstellung. Der Mensch fühlt sich aus der Masse herausgehoben. Der Bevorzugte will auch der Bevorzugte bleiben, sein Überlegenheitsgefühl fördert seine dissoziale Gesinnung.

Auch in der Geschichte von Esau und Jakob wiederholt sich ein menschliches Drama. Die Bibel drückt schlicht und schmucklos den Sachverhalt so aus:

»Als nun die Zeit ihrer Niederkunft da war, stellte es sich wirklich heraus, dass Zwillinge in ihrem Leib waren. Der Erste, der zum Vorschein kam, war rotbraun, rau am ganzen Leibe wie ein haariger Mantel; darum nannte man ihn Esau (das heißt behaart, der Raue). Hierauf kam sein Bruder zum Vorschein, der mit seiner Hand die Ferse des Esaus hielt; darum nannte man ihn Jakob (das heißt Fersenhalter). Isaak hatte den Esau lieber, weil er gern Wildbret aß; Rebekka aber hatte Jakob lieber.« (1. Mose 25, 24ff.)

Der Vater liebt den tüchtigen Jäger Esau mehr als den weichen Jakob, der am liebsten an Mutters Schürzenzipfel hängt. Und die Mutter zieht den Jüngsten vor.

Wieder sind die Gleise für Eifersucht, Rivalität und Konkurrenzstreben gestellt, der Familienkrieg kann beginnen. Zwei Parteien kämpfen nun um die Vorrangstellung, der Schnitt geht quer durch die Familie. In diesem Fall geht die Intrige von der Mutter aus, die zu Jakob hält und den jüngeren Zwillingssohn aufhetzt.

Eifersucht inspiriert zu gemeinen Plänen und scheußlichen Taktiken. Der eigene Ehemann wird betrogen und belogen, der Eifersucht ist jedes Mittel recht, um sich an die erste Stelle zu setzen. Mit List und Tücke erschleicht sich Jakob den Erstgeburtssegen. Diese erste Runde geht siegreich an ihn.

Als Esau nach Hause kommt, wird der Betrug offenbar.
Der Betrogene schwört Rache, und schon wieder werden
Mordgedanken geboren:

*»So wurde denn Esau dem Jakob feind wegen des Segens, den
sein Vater ihm erteilt hatte, und Esau dachte bei sich: ›Bald werden die Tage der Trauer um meinen Vater kommen, dann will
ich meinen Bruder Jakob totschlagen.‹« (1. Mose 27, 21ff.)*

Eine ungerechte Erziehung provoziert Ungerechtigkeit.
Ungerechtigkeit der Eltern ist der Nährboden der Eifersucht. Kain und Abel, Esau und Jakob, Menschen, die uns
auf den ersten Blättern der Bibel vor Augen gestellt werden,
sind ein mahnendes Beispiel für Neid und Eifersucht, die
sich sogar in Mordgelüste verwandeln.

Kain ist keinem Aggressionstrieb zum Opfer gefallen. Er
wurde nicht von einer bösen Lust überfallen und handelte
auch nicht mehr oder weniger ohne Verantwortung. Eifersucht ist kein Schicksal, das uns eifersüchtige Eltern und
Großeltern in die Wiege gelegt haben. Eifersucht ist das
Produkt irriger Ziele und irrealer zwischenmenschlicher
Verhaltensweisen.

Auch der bekannte Theologe Helmut Thielicke sieht in
der Mutter den Auslöser für das mörderische Vorhaben
Kains, wenn er schreibt:

*»Hat die Mutter Eva recht getan, dass sie durch Vorziehen
und Benachteiligen dieses Schicksal der Ungleichheit den beiden
schon in die Wiege legte? Nein, Eva handelte jetzt außerhalb
des Paradieses; sie ist die Urmutter der Weltgeschichte – da geht
es eben so zu. So steht Kain von Anfang an unter der Suggestion,
dass ihm in allem das erste Recht gebühre. Der Wille zur Macht
und die egoistische Selbstbehauptung, die ihm und auch uns im
Blute liegen, erscheinen ihm legitim.«*[2]

Kain ist der Star, der Privilegierte. Die anderen sind für
ihn lediglich Statisten. Das Gefühl für seine Vorrangstellung hat sich tief in seinen Lebensstil eingegraben.

Selbst im Gottesdienst erwartet Kain von Gott etwas Besonderes. Er erwartet, dass sich auch Gott zu ihm bekennt und seine Rolle als der Starke unterstreicht. Uns mag das übertrieben erscheinen, aber Kain hat es so erfahren. Sein Name, seine Stellung, seine Bevorzugung haben sein Vorurteil beeinflusst. Als Erwachsener wiederholt er die Erfahrungen seiner Kindheit: »Alles tanzte nach seiner Pfeife.«

Helmut Thielicke hat den Kain in seiner Starrolle treffend charakterisiert:

»Denn Gott war für Kain unter der Hand eine Art Himmelsfunktionär, der genau das auszuführen hat, was Kain in seinen Wünschen erträumt ... nach Kains Erwartungen hatte es so sein müssen, dass sein Opferrauch wie ein erhabener Pilz zum Himmel zeigt. Das gilt natürlich als moralisches Zeichen dafür, dass Gott eine fromme Gabe mit Dank annimmt. Bei Abel hätte es, so meinte wohl Kain, gemäß seinem nachgeborenen Rang, nur ein dünnes, verwehendes Rauchschwänzchen geben dürfen.«[3]

Gott macht dem Kain einen Strich durch die Rechnung. Der verwöhnte, herausgehobene und von sich überzeugte Kain erlebt ein Fiasko:

- Seine Erwartungen erfüllen sich nicht!
- Seine Selbsteinschätzung erfährt einen schweren Schlag.
- Seine Persönlichkeit hat es nicht gelernt, Niederlagen einzustecken.

Er hat es ja auch nie trainieren müssen, das Zurückstecken, das Nachgeben, das Teilen, die Erfahrung, auch mal benachteiligt zu werden. Und so reagiert er wie ein kleines Kind, das seinen Willen nicht bekommt.

Unüberhörbar wird die Tyrannei des Verwöhnten und Bevorzugten deutlich. Er hat immer seinen Willen bekommen und kann es nicht ertragen, übersehen zu werden. Kain ist so von seiner Sonderrolle überzeugt, dass seine Infragestellung durch Gott die schlimmsten Reaktionen vermuten lässt.

Sich vergleichen bringt Ärger

Dieses wahre Sprichwort trifft auch auf Kain und Abel zu. Wer sich vergleicht, wertet auf und ab. Er fördert Rivalität und Konkurrenzsucht.

- »Ackerbau ist wichtiger als Viehzucht.«
- »Landwirte sind wichtiger als Viehzüchter.«
- »Mein Vater ist bedeutender als deiner.«
- »Meine Schrift ist sauberer als die meines Bruders.«
- »Meine Arbeit ist nützlicher als deine.«
- »Mein Auto ist schneller als alle Autos in unserem Bezirk.«

Auch Eltern können die »Vergleiche-Krankheit« ihrer Kinder unterstützen. Sie vergleichen – offen betont oder versteckt – die besseren Noten der Klassenkameraden mit denen der Sprösslinge. Vorzüge und Charakterarten der Spielkameraden, der Geschwister oder Mitschüler werden neidisch herausgestrichen.

Das Kind kommt nach Hause und hat eine Arbeit zurückbekommen. Es sagt: »Ich habe eine Zwei!«

Die Mutter strahlt, landet aber gleich eine eifersüchtige Frage: »Und was hat die Janet, die neben dir sitzt?«

Das eifersüchtige Vergleichen produziert neue Eifersucht. Ist das Kind gut, freuen sich Eltern und Kinder nicht über die sachliche Leistung, sondern darüber, dass es andere überrundet hat, dass es besser ist als der Durchschnitt.

Ist das Kind in den Leistungen schlecht, blicken alle faszi-
niert und hypnotisiert, neidisch und selbstquälerisch auf
die guten Leistungen der anderen.

Eifersucht, Neid und Missgunst sind das Gegenteil von
Reife.

Der *reife* Mensch ist frei von Habgier und eifersüchtigen
Wünschen. Der *Unreife* hingegen vergleicht sich ständig
mit seinen Mitmenschen. Die Mitmenschen sind seine
Feinde und eine ständige Bedrohung. Sie könnten ja mehr
haben, mehr sein und mehr bekommen.

Der Mitmensch wird durch Vergleichen

- zum Nebenbuhler,
- zum Konkurrenten,
- zum Gegenspieler
- und zum Feind.

Wer Vergleiche anstellt, lebt nicht mehr im inneren
Frieden. Er wird abhängig von den anderen. Sein Blick ist
ständig über den Zaun des anderen gerichtet. Die Kraft zu
uneingeschränkter Bewegung, zu eigener Entscheidung, zu
unabhängigem Denken und Fühlen ist abhanden gekommen. Der Mensch gerät in die Klauen des Neides.

Eifersucht und Neid können zum Kriegszustand werden. Unter Völkern ist das ganz offensichtlich. Wie wacht
im Augenblick die Völkergemeinschaft darüber, dass der
Iran kein waffenfähiges Uran anreichert. Offen und versteckt werden Kriegsdrohungen ausgesprochen. Angst und
Misstrauen treten an die Stelle von Vertrauen.

- Wer seine Stellung bedroht sieht, muss aufrüsten.
- Wer vergleicht, produziert ein Feindbild.
- Wer vergleicht, schürt den Krieg.
- Wer vergleicht, füllt sich mit Hassgedanken.

Kain ist dafür ein ausgezeichnetes Beispiel. Gott kennt die Menschen, und darum ist es ein einmaliges Warnsignal, dass uns diese Geschichte sofort nach der Vertreibung aus dem Paradies erzählt wird.

»Soll ich meines Bruders Hüter sein?«

Der Mord ist geschehen. Ein Nebenbuhler ist aus dem Feld geräumt.

Gott ist sofort zur Stelle und stellt den Mörder: »Wo ist dein Bruder?«

Kain besitzt die Frechheit, Gott mit einem Wortspiel zu brüskieren: »Soll ich etwa den Hirten hüten?«

Eifersucht tötet – auch das Gemeinschaftsgefühl des Menschen, auch die Nächstenliebe und die Verantwortung für den Menschen. Die Neigung zur Kooperation wird vom ersten Tag herausgefordert.

An der Schwelle des Gemeinschaftsgefühls steht die Mutter. Es ist die Aufgabe der Mutter, im Sozialisationsprozess dafür zu sorgen,

– dass das Kind zum Mitspieler,
– dass das Kind zum Mitmenschen,
– dass das Kind zum Beschützer des Nächsten heranwächst.

Bevorzugung und Verzärtelung, Überbeschützung und Verwöhnung lassen das Kind einen ich-zentrierten, nicht kooperativen Lebensstil wählen.

Kain ist selbst der Mitschöpfer seines Lebensstils. Die Verwöhnung durch die Mutter ist ein Reiz, auf den der Sohn in kreativer Weise positiv oder negativ antworten kann.

Der verwöhnte Mensch, der seinen Willen rücksichtslos durchsetzt, der sich wie ein Tyrann aufführt, lebt am Nächsten vorbei. Er ist nur an sich und nicht an seinem Bruder interessiert. Kains Gott*losigkeit* hat ihn auch menschen*los* gemacht. Gleichzeitig ist Kain durch den Eifersuchtsmord heimat*los* geworden. Die Gemeinschaft hat ihn ausgestoßen. Er fühlt sich wie ein Aussätziger. Unstet und flüchtig jagt er durch die Welt.

- Eifersucht zerstört die Gemeinschaft.
- Eifersucht zerreißt das zwischenmenschliche Band.

Muss Kain die Welt regieren?

Die Geschichte der Menschheit scheint wie eine lückenlose Kette von Grausamkeit, Blutvergießen, Terror, Mord und Brutalität abzulaufen.

Ich glaube nicht, dass wir Eifersucht, Neid und das problematische Sich-Vergleichen erziehungsmäßig völlig auslöschen können. Wir können es wohl verkleinern, völlig auszurotten ist es aber nicht. Wenn wir die Zeitung täglich aufschlagen, begegnen uns Mord und Totschlag, Aggressionen und Brutalität.

Das Negative überwiegt das Positive, das Furcht erregende das Bejahende und das Teuflische das Menschliche.

Die Sünde hat den Menschen fest im Griff. Daher brauchen wir alle einen Erlöser, einen Befreier, der den Menschen und der Menschheit diese zerstörerische Last abnimmt.

Die Geschichte von Kain und Abel ist auch unsere Geschichte. Zwei Kinder, zwei Welten. Der eine verkörpert Stärke und Macht, der andere Schwäche und Unterlegenheit. Das friedliche und harmonische Miteinander der

Menschen im Paradies ist endgültig vorbei, von nun an bestimmen Über- und Unterlegenheit das Feld. Macht und Konkurrenzkampf kennzeichnen die menschliche Gemeinschaft. Der eine gehört zu den Gewinnern, der andere zu den Verlierern.

Müssen wir das fatalistisch zur Kenntnis nehmen? Gibt es keinen anderen Ausweg?

Unsere Gedanken bestimmen unser Handeln

Schauen wir noch einmal auf die Geschichte von Kain und Abel. »*Der Herr blickte freundlich auf Abel und sein Opfer, aber Kain und sein Opfer schaute er nicht an.*«

Das ist für Kain unfasslich. Abel steht plötzlich im Mittelpunkt, Kain wird übersehen.

In der Welt gelten Kains Vorrechte, *im Glauben* aber zeigt uns Gott,

- dass Titel,
- dass Vorrechte,
- dass Auszeichnungen,
- dass Stellungen und Bevorzugungen

bei ihm keinen Platz haben.

Gott hält zu den Schwachen, zu den Entrechteten und Unterdrückten, und da wird er sich auch nicht irremachen lassen. Auch Jesu Gleichnis vom reichen Mann und dem armen Lazarus ist ein Beispiel dafür, wie Gottes gerechtes Handeln im Alten und Neuen Testament aufleuchtet.

- Gott interessiert sich nicht für unsere Vorurteile.
- Gott interessiert sich nicht für unsere Privilegien.
- Gott interessiert sich nicht für unsere Bevorzu-
  gungen.
- Gott interessiert sich nicht für unsere Vorrechte und
  Wertordnungen.

»Warum brütest du vor dich hin?« Gott ruft Kain zur Besin-
nung. Er redet ihm ins Gewissen. »Warum bist du so zor-
nig? Wenn du Gutes im Sinn hast, kannst du deinen Kopf
erheben, aber wenn du Böses planst, lauert die Sünde vor
der Tür.«

- Unsere Gedanken bestimmen unsere Gefühle.
- Unsere Gedanken bestimmen unser Handeln.
- Unsere Gedanken rufen Wut, Eifersucht und Mord-
  gefühle hervor.

Das bedeutet: Kain ist nicht das Produkt eines unausrottba-
ren Aggressionstriebes. (Sonst müssten ja alle Mörder frei-
gesprochen werden!)

- Kain ist das Produkt eines falschen Denkens.
- Kain hat sich eine Überlegenheitshaltung eingeredet.
- Kain wurde wahrscheinlich auch in der Familie
  falsch erzogen.

Der Bibeltext stellt klar – und das wird in der modernen
Psychologie bestätigt –: Unsere Gefühle sind mit unseren
Gedanken synchronisiert. Unsere Gedanken entscheiden
darüber, was wir tun werden.

Was können wir tun?

Wie gehen wir in der Familie – besonders im Zusammenleben mit unseren Kindern – mit Eifersucht, Zorn und Aggressionen um?
Gott hat Kain eine klare Antwort gegeben.

1. Wir entscheiden, ob wir unseren Blick zu Gott erheben oder Mordgelüste produzieren.

Gott mutet uns zu, Gedanken der Aggressivität, des Zorns
und Mordfantasien unter Kontrolle zu halten.

Wir können nicht verhindern,

- dass wir wütend werden,
- dass böse Gedanken uns überfallen,
- dass Enttäuschungen, Kränkungen und Verletzungen uns heimsuchen.

- Aber wir entscheiden, ob wir sie zur »bösen Tat« werden lassen.
- Wir entscheiden, ob sie sich in uns festsetzen.
- Wir entscheiden, ob wir kaltblütige Rachegedanken
  ausbrüten oder »Gutes im Sinn« haben.

Wir sind nicht ohnmächtig an unseren »bösen Trieb« ge-
kettet.

2. Dampfablassen ist keine Lösung!

Aggressionen herausschreien, Frustrationen herausschleu-
dern, dem Zorn Luft machen – das alles sind keine Lösungen. Sie kitten keine Beziehungen, sie zerstören sie lediglich.

Warum ist das so?

- Wir befriedigen lediglich unseren Zorn.
- Wir wollen den anderen bestrafen.
- Wir wollen ihm einen Denkzettel verpassen.
- Wir rufen nur Rachepläne im anderen hervor.
- Wir unterbrechen das Macht- und Kampfspiel nicht, wir verstärken es.

3. Ändert eure Gesinnung!
Eifersucht und Neid sind Einstellungsmuster, die wir nicht völlig ausrotten können, aber wir sind – mit Gottes Hilfe – in der Lage, den tödlichen Folgen entgegenzuwirken.

Im Römerbrief bietet uns Paulus einen hilfreichen Denkanstoß:

»Passt euch nicht den Maßstäben dieser Welt an. Lasst euch vielmehr im Innersten von Gott umwandeln. Lasst euch eine neue Gesinnung schenken. Dann könnt ihr erkennen, was Gott von euch will. Ihr wisst dann, was gut und vollkommen ist und was Gott gefällt.« (Römer 12, 2)

Die Gesinnungsänderung ist ein Geschenk, keine tugendhafte Leistung. Die Umwandlung im Innern ist sein Werk, nicht unser Verdienst.

1. Schritt:
Wir müssen die Umwandlung einsehen. Einsicht ist der erste Schritt zur Veränderung. Ohne Einsicht keine Umwandlung.

Die Einsicht lautet:

- »Meine Eifersucht ist zerstörerisch.«
- »Meine Eifersucht macht mich neidisch, aggressiv und lieblos.«

2. Schritt:
Ich bete konkret um Änderung der destruktiven und ungeistlichen Motive.

- »Will ich den anderen überholen?«
- »Neide ich dem anderen seine Gaben?«
- »Will ich herrschen und bestimmen?«
- »Will ich den Konkurrenten beseitigen?«

3. Schritt:
Der Heilige Geist kann die Veränderung schenken.

Johannes Busch, mein geistlicher Lehrer, sagte immer wieder den hilfreichen Satz: »Christen sind nicht besser, aber sie sind besser dran!«

Christen können eine Kraftquelle in Anspruch nehmen, die eine Umgestaltung des Denkens in Gang setzt. Sie müssen den eskalierenden Folgen der Eifersucht nicht ausgeliefert bleiben.

Die Kraft Jesu Christi bewahrt uns

- vor krank machenden Vergleichen,
- vor krank machender Eifersucht,
- vor zerstörerischem Neid und
- vor zerstörerischem Ehrgeiz.

KAPITEL 6

Noch zu klein und schon zu groß – das mittlere Geschwister

Das mittlere Kind wird im Allgemeinen auch »Sandwich-kind« genannt. Ein sehr prägnanter Name, der die Situation des Kindes bereits ausdrückt: Es steckt zwischen zwei Geschwistern.

Häufig wachsen Sandwichkinder zwischen dem ältesten und dem dritten Kind auf. Das Mittelkind kann aber auch das dritte von vieren oder vierte von fünf Kindern sein.

Fachleute sagen übereinstimmend, dass mittlere Kinder häufig schwierig sein können. Die Position *kann* mit Belastungen verbunden sein.

Mittlere Kinder sind allerdings zunächst zweite Kinder. Und zwischen dem ältesten und dem zweiten Kind spielen sich Kämpfe ab. Sie schlagen sich, reagieren eifersüchtig, hassen sich – kurz gesagt, sie sind Rivalen.

Geschwister sind Rivalen

Das zweite Kind hat jemanden vor sich. Es ist schwer, das ältere Geschwister einzuholen oder zu übertreffen. Dennoch bemüht es sich, mit Bruder bzw. Schwester mitzuhalten.

In zweiten Kindern stecken

- viele Ideen, dem Ältesten Paroli zu bieten,
- eine Umtriebigkeit, dem Konkurrenzkampf gewachsen zu sein,

- und eine genaue Beobachtung, Lücken und Schwächen des Schrittmachers ausfindig zu machen, um dem ältesten Kind gewachsen zu sein.

Schon in der Bibel begegnen uns solche kämpfenden Geschwisterpaare:

- Kain und Abel,
- Jakob und Esau,
- der verlorene Sohn und sein älterer Bruder.

Immer geht es um Herrschaft und Privilegien. Älteste Kinder wollen ihre Dominanz behalten. Und in der Regel spielen sie diese Dominanz auch aus. Wehe, wenn das zweite Kind klüger, stärker, intelligenter, hübscher oder beliebter ist.

Jakob und Esau sind dafür ein beredtes Beispiel. Jakob, der Zweitgeborene, will mit List und Tücke an die Macht. Seine Mutter Rebekka unterstützt ihren Liebling, und so wird Esau heimtückisch über den Tisch gezogen. Wenn Jakob nicht geflohen wäre, hätte es hier durchaus zu einem Mord kommen können.

Lassen Sie uns einen Sprung in unsere Gegenwart machen, und denken wir an den ehemaligen Bundeskanzler Schröder, der als Jüngerer seinen älteren Bruder völlig an die Wand gespielt hat. Der ältere war nicht gut auf den jüngeren Bruder zu sprechen. In Interviews wurden ihm viele Bosheiten über seinen jüngeren Bruder entlockt.

Oder nehmen wir ein weiteres Beispiel aus der Bibel: das Gleichnis vom so genannten »Verlorenen Sohn«. Zwischen ihm und seinem älteren Bruder spielen sich ebenfalls Rangkämpfe ab. Der älteste Sohn ist gewissenhaft, fleißig, dem Vater zugetan, ein treuer und pflichtbewusster Sohn. Der Jüngere dagegen ist ein Hallodri, ein Lebemann –

im Grunde ein Taugenichts. Er will das Leben genießen, die Schufterei in der Familie hat er satt. Er lässt sich sein Erbe auszahlen und verjubelt es in der Ferne. Der Älteste hingegen bleibt beim Vater und unterstützt ihn, wo es nur geht.

Nur als der Jüngste reumütig zurückkehrt und der Vater ihn bedingungslos aufnimmt und in seine Arme schließt, da ist der Älteste sauer. Er schimpft auf seinen Bruder, den »Hurenbock« und »Taugenichts«. Voller Verbitterung feiert er das große Heimkehrfest nicht mit.

Wir erfahren leider nicht, wie das Zusammenleben auf dem Hof des Vaters weitergegangen ist. Haben sich die Vorbehalte und die Enttäuschung des ältesten Sohnes gelegt? Konnte der Vater die Kluft zwischen den Geschwistern bereinigen? War der Jüngste in der Lage, mit dem ältesten Bruder ein gleichwertiges Miteinander zu praktizieren? Fragen über Fragen, die uns die Bibel leider nicht beantwortet.

Noch ein Beispiel aus der Gegenwart: Denken wir an die beiden Brüder Vogel, Bernhard und Hans-Jochen. Der Älteste der beiden wurde Vorsitzender der SPD, der andere ist CDU-Mitglied und war Ministerpräsident eines Bundeslandes.

Wir sehen:

- Beide profilieren sich.
- Beide rivalisieren miteinander.
- Beide sind Mitglieder in unterschiedlichen Parteien.
- Beide streben ähnliche Funktionen an, aber auf unterschiedlichen Ebenen.

Das Beispiel der beiden Vogel-Brüder zeigt: Beide können sich achten und respektieren, weil sie auf der Karriereleiter erfolgreich waren.

Was häufig bei mittleren Kindern beobachtet wird

1. Mittlere Kinder sind geschickte Diplomaten.

Sie stehen zwischen zwei Parteien und müssen sich arrangieren. Häufig wollen sie es sich mit beiden Geschwistern nicht verderben.

Sie lavieren sich hindurch. Dieses Hindurchlavieren lässt sie zu guten Diplomaten werden. Sie riskieren keine allzu heftigen Auseinandersetzungen. Sie gleichen Gegensätze aus und werden schnell zu »Peacemakern«. Wenn sie im familiären Zusammenleben die Rollen zu vermitteln und Frieden zu schließen praktiziert haben, sind sie später im Berufsleben und in Partnerschaften gute Vermittler und geschickte Diplomaten, denn sie haben gelernt, Kompromisse zu schließen und zu verhandeln.

2. Mittlere Kinder fühlen sich leicht unter »ferner liefen«.

Das gilt besonders für die Positionen zwischen dem dritten und dem vierten Kind bzw. zwischen dem vierten und dem fünften Kind. Diese Rolle ist schwer zu definieren. Betroffene Kinder haben das Gefühl,

- nicht dazuzugehören,
- unverstanden zu sein,
- überflüssig zu erscheinen,
- von jüngeren oder älteren Geschwistern überholt zu werden.

Weil die mittlere Position auch im Familienverband unklar ist, spiegeln mittlere Kinder nicht selten Unsicherheit wider. Sie suchen nach ihrer Rolle und brauchen viel Zeit, um sich im Zusammenleben zu profilieren.

3. Mittlere Kinder können gute Kämpfer werden.

Weil sie mit Geschwistern oben und unten auskommen müssen, lernen sie Diplomatie oder das Kämpfen – oder beides.

Ich erinnere mich an eine Frau in der Beratung, die mich aufsuchte, weil sie unter Eheproblemen litt. Als ich sie fragte, wie sie sich selbst mit wenigen Sätzen charakterisieren würde, ballte sie ihre Fäuste, drehte sie einige Male nach links und rechts und links und zeigte im Gesicht ein energiegeladenes Verhalten. Sie sei als Mädchen zwischen den Brüdern aufgewachsen und hätte sich durchsetzen müssen. Mit anderen Worten, sie hat das Kämpfen gelernt. Noch heute hat sie in der Ehe Schwierigkeiten, weil sie schnell und ungewollt eine Kampfposition einnimmt. Sie will als Frau nicht untergehen und hat das Gefühl, sich gegen stärkere Brüder durchsetzen zu müssen.

4. Mittlere Kinder sind widersprüchlich.

Mittlere Kinder entwickeln sich in der Regel zum Gegenteil des Erstgeborenen. Die Erfahrung zeigt, dass erste und zweite Kinder die stärksten Unterschiede widerspiegeln. Auf beinahe allen Gebieten gehen sie unterschiedliche Wege.

- Ist das älteste Kind *introvertiert,* ist das zweite *extrovertiert.*
- Ist das älteste Kind *konservativ,* ist das zweite *modern.*
- Ist das älteste Kind *moralisch,* ist das zweite gern *leicht* und *locker.*
- Ist das älteste Kind ein *Schweiger,* ist das zweite Kind *kontaktfreudig.*
- Ist das älteste Kind *aggressiv,* ist das zweite *konfliktscheu.*

5. Mittlere Kinder stehen selten im Mittelpunkt.

Ist es Ihnen schon einmal aufgefallen? In Fotoalben sind die mittleren Kinder fast immer zusammen mit älteren oder jüngeren Geschwistern abgebildet. Nur selten gibt es Einzelaufnahmen von ihnen. Woran liegt das? Nun, das älteste Kind hat eine klare Position. Es wird auch als solches vorgestellt. Genauso hat das jüngste eine klare Position. Das mittlere Kind aber hängt dazwischen. Selten stellen Eltern ihr Kind in der Mitte als ihr mittleres Kind vor.

Deutlich wird: Die Position des mittleren Kindes ist weniger klar definiert. Es hat häufig auch die geringsten Privilegien.

Verhaltensmuster des mittleren Kindes – ein Selbsterforschungsfragebogen

Das mittlere Kind:	stimmt nicht	stimmt
ist extrovertiert		
ist locker		
ist vermittelnd		
ist kontaktfähig		
ist konfliktscheu		
ist ein Friedensengel		
ist umgänglich		
ist ein Aufrührer		
ist aggressiv		
ist gesellig		
ist konfliktfähig		
hat Privilegien		
ist das schwarze Schaf		
ist ein Rebell		
geht eigene Wege		

Das mittlere Kind:	stimmt nicht	stimmt
nabelt sich früh ab		
liebt das Risiko		
orientiert sich am ältesten Kind		
steht im Gegensatz zum ältesten Kind		
manipuliert		
ist unsicher		
ist ein Sowohl-als-auch-Typ		
leidet unter einem Konkurrenzgefühl		
ist das Opfer		
ist der Diplomat		
ist der Märtyrer		

Was fehlt:

_____

_____

_____

Hilfen für die Auswertung

1. Hier sind Verhaltensmuster angeführt, die für mittlere Kinder typisch sind.
2. Kreuzen Sie bitte an, ob Ihrer Meinung nach die Verhaltens- und Einstellungsmuster auf Ihr mittleres Kind zutreffend sind oder nicht.
3. Fehlen Verhaltensmuster auf dem Fragebogen, die Sie für Ihr mittleres Kind für typisch halten? Tragen Sie sie bitte nach.
4. Gewichten Sie anschließend die angestrichenen Muster. Stellen Sie die fünf wichtigsten Lebenseinstellungen heraus, die für Ihr mittleres Kind typisch sind.

5. Welche Muster und Motive wollen Sie fördern, welche korrigieren?

6. Wenn Sie als Vater, Mutter oder als Erwachsener auch als mittleres Kind herangewachsen sind, können Sie diesen Bogen ebenfalls ausfüllen.

    _ Welche Muster und Eigenarten waren für Sie als Kind bestimmend?

    – Welche Muster und Eigenarten kennzeichnen Sie noch heute?

    – Welche Muster und Eigenarten haben sich geändert?

7. Bitte ergänzen Sie folgende Aussagen. Wählen Sie eine der beiden Formulierungen aus und geben Sie drei bis fünf Antworten auf die »Wenn-Sätze«.

Ich gelte nur etwas, wenn ich _____

Ich gelte nur etwas, wenn ich _____

Ich gelte nur etwas, wenn ich _____

Ich fühle mich gut, wenn _____

Ich fühle mich gut, wenn _____

Ich fühle mich gut, wenn _____

Gewichten Sie anschließend die Antworten. Welche Aussage steht für Sie an erster Stelle, welche an zweiter und welche an dritter?

KAPITEL 7

Das Nesthäkchen – das jüngste Kind

Auch das jüngste Kind hat zweifellos eine besondere Rolle in der Familie. Schon der oft verwandte Begriff »Nesthäkchen« macht das deutlich.

Das Nesthäkchen

- kann sehr verwöhnt werden,
- hat schon mal das Gefühl, einmalig zu sein,
- lässt sich bedienen,
- fühlt sich leicht entmutigt, weil es mit den Älteren nicht mithalten kann,
- genießt größere Freiheiten, weil die Erziehungsmethoden der Eltern sozusagen aufgebraucht sind.

Das Jüngste hat es von klein auf gelernt, sich klein, schwach und unmündig zu fühlen.

Das ist die eine Variante, aber es gibt sicherlich mehrere. Entscheidend ist die Konstellation der Familie und wie das jüngste Kind seine Stellung und Rolle ausfüllt.

Viele Jüngste haben mehrere Erzieher,

- die Eltern,
- die Großeltern
- und die älteren Geschwister.

Daher lernt es, sich durchzusetzen, zu manipulieren oder andere in seinen Dienst zu stellen. Wenn es niedlich, zart und charmant erscheint, erhält es viel Beistand und Unterstützung von allen Seiten.

Da die Eltern oft inkonsequenter und nicht mehr so durchsetzungsfähig sind, gelingt es dem Kleinsten oft, sich als charmant und liebevoll zu behaupten.

Viele Jüngste genießen den »Babybonus«.

- Sie dürfen sich am längsten danebenbenehmen.
- Sie dürfen unselbstständig bleiben.
- Sie bekommen Vergünstigungen.
- Sie erhalten viele Freiheiten und Nachsichten.
- Sie werden umsorgt, verwöhnt und beschützt.

Weil sie so verwöhnt und betreut werden, reagieren viele Jüngste verspielt und verträumt. Sie verbreiten in ihrem Zimmer ein großes Chaos und neigen zur Schlampigkeit. Aber mit Charme und Witz gelingt es ihnen immer wieder, andere um den Finger zu wickeln. Mit Liebenswürdigkeit und einem Lächeln im Gesicht zwingen sie die Erwachsenen zur Nachsicht.

Jüngste Kinder können allerdings auch zu »Schnellläufern« werden, die von den älteren Kindern, die über ihnen sind, ungewollt animiert werden.

Ein Beispiel dafür ist der Theologe Dietrich Bonhoeffer, der als Widerstandskämpfer gegen das NS-Regime noch kurz vor Ende des Krieges im KZ-Flossenbürg umgebracht wurde. Zu seinem 100. Geburtstag im Jahre 2006 heißt es in einem Zeitungsartikel:

»Dass Bonhoeffer später feststellt, er sei erschreckend ehrgeizig gewesen, hängt auch mit seiner Rolle als sechstem Kind und jüngstem Sohn zusammen. Der 12-Jährige spielte Mozart-Sonaten und bei den Hausmusikabenden die sprichwörtliche erste Geige. Der Überflieger besteht das Abitur, gerade 17, mit ›sehr gut‹ und liest im Gegensatz zu seinen naturwissenschaftlich orientierten Brüdern lieber ›interessante Bücher‹ – klassische

deutsche Literatur. ›Christlich, aber nicht mehr kirchlich‹ ist das
familiäre Umfeld, und so wundert sich der Vater nicht schlecht,
als sein Jüngster ausgerechnet Theologie studieren wollte.«[1]

Kinder unterscheiden sich voneinander. Und jedes Kind
sucht seinen Platz und will sich im Zusammenleben behaupten.

Was häufig bei jüngsten Kindern beobachtet wird

1. Das jüngste Kind wird leicht verwöhnt.

Das passiert vor allem dann, wenn der Abstand zwischen
dem Jüngsten und dem Geschwister davor mehr als fünf
Jahre beträgt. Gleichzeitig kann es dann aber auch zu allen
Schwierigkeiten eines verwöhnten und verzärtelten Kindes
kommen.

Das jüngste Kind steht dann in der Gefahr, die Probleme des Lebens nicht meistern zu können, weil andere –
besonders die Mutter, aber auch ältere Geschwister – das
Kind *übermäßig* beschützen und in Watte gepackt haben.

Wer einem Kind viele Schwierigkeiten aus dem Wege
räumt, muss auch damit rechnen, dass dieser Mensch
kaum in der Lage ist, im Leben von sich aus Barrieren zu
überwinden. Das haben ja immer andere für es getan!

Das jüngste und oft verwöhnte Kind wird von Professor
Corell so charakterisiert:

»... dass es in jeder Situation sein ›Recht‹ bekommen kann,
wenn es nur geschickt die Erwachsenen gegeneinander ausspielt
und diese Techniken auch in der Schule anwenden wollte: In
den meisten Klassen finden sich von zu Hause verwöhnte Kin-
der, die sich als ›Petzer‹, als ›Angeber‹, ›Streber‹ und ›Liebkind‹
des Lehrers bei ihren Mitschülern unbeliebt machen. Ihre innere
Unsicherheit zeigt sich hier als verzweifelter Versuch, den Lehrer
in die Rolle des verwöhnenden Elternteils hineinzudrängen.«[2]

2. Das jüngste Kind hat viele Schrittmacher.

Das Jüngste kann nicht mehr entthront werden. Das ist ein Vorteil. Daher muss sich die Eifersucht bei ihm nicht so stark auswirken. Dieses Kind hat keinen Nachfolger, der ihm auf den Fersen ist.

Aber es hat unter Umständen viele *Schrittmacher*. Diese Schrittmacher sind älter, oft tüchtiger und weiter fortgeschritten. Sie können das Kind ungewollt stimulieren, seinen Lebensschritt zu beschleunigen. Es neigt dann zu großer Tüchtigkeit, zum Schnelllaufen und zum Ehrgeiz. Oft versucht es, seine Geschwister zu überholen und zu übertrumpfen. Es will nicht klein bleiben, es will groß sein.

3. Das jüngste Kind ist oft das tüchtigste.

Selbst in der Bibel wird das deutlich! Joseph beispielsweise hat alle seine Geschwister überragt. Er war 17 Jahre lang das jüngste Kind, wurde verwöhnt und seinen Brüdern *vorgezogen*.

Die übrigen Geschwister reagierten mit Neid, Hass und bösen Gefühlen. Es hätte nicht viel gefehlt, und die Brüder hätten ihren jüngsten Bruder umgebracht. Der Zorn auf den besser Gestellten war enorm. Wenn wir von der theologischen Deutung absehen, wird verständlich, dass Joseph sie alle überragte, dass er sich sogar über seinen Vater und über seine Mutter gestellt hat. Deutlich wird, dass er, der Jüngste, seine Geschwister einholen wollte und von daher zum Schnellläufer wurde.

4. Das jüngste Kind kann zum Versager werden.

Das klingt zunächst wie ein Widerspruch. Aber wir müssen uns dazu die Gesamtkonstellation der Familie anschauen. Ein jüngstes Kind kann dann zum Versager werden, wenn die älteren Geschwister besonders tüchtig, fleißig und intelligent sind.

Ein Großteil der Kinder, die das Leben nicht meistern, sind jüngste Kinder. Verwöhnung und Überbeschützung produzieren auch Lebensangst.

Und noch etwas: Das Kind *entscheidet* sich für einen es verwöhnenden Lebensstil. Es wird nicht einfach in die Rolle gepresst. Es weiß, dass bestimmte Erwachsene sich die Verwöhnung auch etwas kosten lassen.

- Es *will* verwöhnt,
- es *will* bewahrt,
- es *will* an die Hand genommen,
- es *will* beschützt

werden.

Es erwartet ununterbrochen den Beistand der anderen.

Im späteren Leben wird es sich so verhalten, als ob es ohne Unterstützung (direkte, partnerschaftliche und soziale) nicht leben kann. In negativen Fällen liegt es der Gesellschaft auf der Tasche. Die tüchtigen Schrittmacher haben das Jüngste völlig entmutigt. Was es auch immer anstellt, es kommt nicht dahin, wo die anderen schon längst stehen und sich bewähren.

Es ist für Eltern und Erzieher nicht leicht, diese irrigen Selbsteinreden des jüngsten Kindes abzubauen.

5. Jüngste Kinder können eine große Abhängigkeit entwickeln.

Diese Abhängigkeit kann eine bleibende und hinderliche Gewohnheit in den Beziehungen zu anderen Menschen werden.

Jüngste Kinder klammern sich manchmal an ihre Eltern, die Eltern wiederum klammern sich an sie. Verwöhnung und Abhängigkeit stehen also in einem direkten Zusammenhang. Von daher erleben jüngste Kinder, die oft schon ältere Eltern haben, den Verlust eines Elternteils durch Trennung und Tod sehr viel stärker. Sie machen sich oft auch dafür verantwortlich, von den Eltern verlassen worden zu sein.

Jüngste Kinder leiden statistisch häufiger an Alkoholismus als andere. Auch an diesen Symptomen wird die Abhängigkeit erkennbar. Jüngste Kinder bleiben oft ihr Leben lang Babys, vor allem in den Augen der Eltern. Jüngste Kinder haben sich daran gewöhnt und spielen diese Rolle gern.

Ein Nachkömmling wird zum chronischen Zweifler

Eines Tages erscheint ein etwa 35-jähriger Mann bei mir in der Seelsorge. Er wird von seiner Frau geschickt, die sich im Familienleben überfordert fühlt. Sie sieht in ihrem Mann einen krankhaften Zweifler und Drückeberger, der mit Ausreden und Ausflüchten vor jeder Verantwortung flüchtet. Von Beruf ist er Krankenpfleger. Er ist in einer Klinik angestellt, wo Ärzte und leitende Pflegekräfte ihm sagen, was er zu tun hat.

Ich frage ihn nach seinem Problem, und er antwortet: »Ich habe panische Angst davor, Entscheidungen allein zu tragen. Sie könnten falsch sein, und ich werde dann verantwortlich gemacht. Meine Frau sagt, ich sei ein chronischer Zweifler und ein Drückeberger. Sie fühlt sich völlig überlastet, weil ich ihr keine Hilfe bin.«

Das Beratungsgespräch enthüllt folgende Einzelheiten: Herr X ist das vierte Kind seiner Eltern, ein Nachkömmling. Der Bruder über ihm ist zehn Jahre älter. Die Eltern waren glücklich über dieses Kind.

Allerdings packten sie das Nesthäkchen in Watte, verwöhnten und überbeschützten es. Beide Eltern waren hocherfreut, noch einmal ein Baby auf dem Arm halten zu können.

Der Junge – und spätere Mann – wurde unselbstständig, ein richtiges Muttersöhnchen, entscheidungsschwach, misstrauisch und zweifelnd.

Er heiratete eine acht Jahre ältere Frau, die – wie die Mutter – alle Entscheidungen trifft, alle Probleme löst und alle Zweifel an irgendwelchen Dingen beseitigt.

Selbstverständlich hat er keinen großen Leidensdruck. Von sich aus wäre er nicht zu mir gekommen. Es leuchtet ein, dass er es schwer hat, seine Frau zu verstehen, die unter seiner Verantwortungslosigkeit leidet.

Was zeigt dieses kleine, auf das Wesentliche konzentrierte Beratungsbeispiel?

1. Chronische Zweifel sind nicht angeboren.
Der 35-jährige Mann ist ein chronischer Zweifler. Er glaubt fest, dass Gott ihn so geschaffen hat, wie er ist. Er ist überzeugt davon, dass er diese Schwäche aus Gottes Hand nehmen muss. Nach dem Motto: »Was Gott zugelassen hat, muss der Mensch nicht ändern.« Die Lebenslüge ist unverkennbar: Die Schuld an seinem Sein schiebt er Gott in die Schuhe.

2. Überbeschützung macht lebensuntüchtig.
Seine Eltern hätten als vernünftige und erwachsene Menschen eigentlich erkennen müssen, dass sie ihrem Sohn nicht alle Entscheidungen und Überlegungen für große und kleine Lebensaufgaben abnehmen durften. Auch sie tragen somit Verantwortung für seine Lebensuntüchtigkeit.

Die Eltern kamen übrigens auch einmal zu einem Gespräch und betonten einhellig: »Wir haben einmal folgenden Satz gelesen, und er hat uns sehr überzeugt: ›Wer liebt, macht keine Erziehungsfehler!‹«

Beide vergessen, dass der Sohn die Fürsorge und Überbeschützung 30 Jahre lang gern akzeptiert hat. Er fühlte sich pudelwohl im »Hotel Mama«. Sämtliche Schwierigkeiten wurden ihm – besonders von der Mutter – aus dem Weg geräumt. Als er aber selbst das Leben zu verantworten hatte, da versagte er.

3. Seine Eltern handelten in seinen Augen richtig.
Herr X nimmt seine Eltern in Schutz. Sie machten keine Fehler! Sie sind Christen und handelten daher lieb und ehrlich. Es gab kaum Auseinandersetzungen zwischen seinen Eltern und ihm. Bis heute findet er im Elternhaus einen bedingungslosen Rückhalt. Vater und Mutter stehen uneingeschränkt auf seiner Seite. Es ist daher auch nur logisch, dass zwischen der unglücklichen Ehefrau und den Schwiegereltern das Tischtuch zerschnitten ist. Alle Probleme und Fragen, die seine Eltern betreffen, werden von ihm positiv beantwortet. Er ist konfliktscheu und macht sich das Leben leicht.

4. Er heiratete einen Mutterersatz.
Er hat unbewusst und doch gezielt eine ältere Frau geheiratet, die übergangslos die Rolle der Mutter übernahm.

Seiner Ehefrau steht der Mann verständnislos gegenüber. Wieso akzeptiert sie seine Schwächen nicht, die Gott ihm doch in die Wiege gelegt hat? Er selbst geht regelmäßig in den Gottesdienst, weil er Gott vertraut, aber nichts unternehmen muss, um an seiner Schwäche zu arbeiten.

5. Wer ist seine Frau?
Sie ist die älteste von drei Geschwistern. Das Führen hat sie in ihrer Ursprungsfamilie gelernt. Sie war Vizemutter und

hat ihre jüngeren Brüder wunderbar mitversorgt. Für sie konnte sie planen, für sie konnte sie entscheiden, und sie liebte es, Schwierigkeiten kommentarlos beiseite zu fegen. In dieser Rolle geübt, lernte sie irgendwann den entscheidungsschwachen Mann ihres Lebens kennen. Sie verliebte sich in ihn und griff zu, denn er war angepasst, lieb zu ihr und ließ sich widerspruchslos lenken und bestimmen.

6. Die wirkliche Umkehr ist ein langer Weg.
In der Seelsorge und Beratung dauerte es lange, bis der Mann seine Argumentation aufgab. Er übernahm nun auch die Verantwortung für seinen Lebensweg und schob nicht mehr alles Gott in die Schuhe.

Bisher lebte er im Frieden mit sich und auch mit Gott, weil er kommentarlos alle Stärken, Schwächen und seine Defizite als Mann aus Gottes guten Händen nahm. Widersprüche erlebte er lediglich im Beruf, auf Ämtern und im täglichen Leben.

Doch dann konnte er sagen: »Ich erkenne, dass ich als Nesthäkchen mitgespielt habe. Von vorn und hinten bin ich verwöhnt und überbeschützt worden. Gewehrt habe ich mich nicht. Alles kam mir entgegen.«

Selbst zwei seiner Geschwister kamen einmal mit in die Beratung. Sie machten es sehr geschickt und legten ihm nur Beweise vor, die auf Verwöhnung und Überbeschützung hindeuteten. Sie sprachen ohne Vorwürfe und vermieden jeglichen Widerstand bei ihrem jüngsten Bruder.

Auch die Ehefrau erlebte viele notwendige Gespräche. Bei ihr ging es darum, ihre falsche Verantwortungsbereitschaft zu dämpfen und sie dazu zu bringen, dass sie ihrem Mann selbst Entscheidungen überlassen sollte. Es fiel ihr schwer, alle Planungen mit ihrem Mann zu besprechen und abzustimmen. Es gab auch unzählige Rückfälle, die wiederum dem Mann entgegen kamen.

Herr X musste erfahren, dass er richtige Entscheidungen treffen kann und nicht mehr von Zweifeln zerfressen wird. Allerdings kostete ihn die Loslösung vom Elternhaus und dem negativen Einfluss ebenfalls Rückfälle und Auseinandersetzungen mit seiner Partnerin.

Ich mache keinen Hehl daraus, dass ich als Berater und Seelsorger oft enttäuscht und entmutigt war. Aber die lange Arbeit – immerhin etwa anderthalb Jahre – haben sich gelohnt. Die Ehe ist bis heute stabil geblieben.

Erziehungstipps für jüngste Kinder

Anregung 1:
Keine Sonderzuwendung.

Eltern müssen dafür sorgen, dass jüngste Kinder keine Sonderzuwendungen bekommen, auch wenn diese versuchen, sie sich zu ertrotzen. Betteln, Trotzen, Kämpfen, Jammern und Erpressen sind die Methoden, mit denen solche Kinder liebevolle Mütter und Väter umwerfen. Vor allem wenn mehrere Kinder da sind, haben sich die früheren strengen Erziehungsgrundsätze abgenutzt, und die Eltern sind inkonsequenter und schwächer geworden.

Anregung 2:
Verhindern Sie Hilflosigkeit!

Eltern und Erzieher müssen darauf achten, dass das jüngste Kind nicht Hilflosigkeit *spielt* und diese Eigenschaft als Verhaltensmuster erwählt. Das Kind spürt, ob Eltern oder ältere Geschwister auf Hilflosigkeit und Dümmlichkeit ansprechen. Sich dumm stellen – wozu übrigens viel Intelligenz gehört – ist ein beliebtes Mittel, um andere für sich arbeiten zu lassen. Jüngste Kinder, die die besagten tüchtigen Vorreiter haben, benutzen gern dieses Umgangsmuster.

Anregung 3:
Vorsicht, Jüngste können tyrannisieren!
Besonders diejenigen Mütter, die kleinste Kinder »besonders süß« finden, stehen in der Gefahr, von diesen Jüngsten tyrannisiert zu werden. Die lieben Kleinen nutzen das aus und können leicht zu Sklavenantreibern werden.

Die Antreiberrolle beginnt schon in der Wiege. Die Mutter reagiert auf jeden Schrei, und das Kind lernt so, die Mutter laufen zu lassen.

Anregung 4:
Seien Sie nicht zu großzügig!
Sie müssen darauf achten, dass Sie beim Jüngsten nicht zu großzügig verfahren. Das älteste Kind erlebte die volle Wucht der pädagogischen Bemühungen, beim letzten Kind haben sich die Eltern bereits verausgabt und sehen durch die Finger. Oft haben sie auch die Kraft und die Nerven nicht mehr, sie resignieren, und das Kind bekommt seinen Willen.

Sie müssen dafür sorgen, dass das jüngste Kind in seinem Ehrgeizverhalten nicht übermäßig gefördert und unterstützt wird. Ehrgeizige Eltern haben es daher besonders schwer. Die ehemals Kleinsten, auf die man *herabschaute*, werden sonst zu gefürchteten Ehrgeizlingen, Kämpfern um Spitzenpositionen und Überholern auf der Straße des Lebens. Die Großzügigkeit beim Jüngsten veranlasst wiederum das älteste Kind, noch eifersüchtiger und wütender auf das Geschwisterchen bzw. auf seine Eltern zu reagieren. Ungewollt haben die Eltern eine ungerechte Erziehung installiert.

Anregung 5:
Großeltern werden vereinnahmt.
Sie sollten darauf achten, dass die Großeltern ihre ganze Liebe und Anteilnahme nicht zu stark dem Jüngsten zu-

wenden. Das Kind wird sonst anfangen zu taktieren, so dass es sich ständig auf die Seite schlägt, von der es die größten Portionen erwarten kann.

Eltern und Kinder, Großeltern und Enkel spielen dabei perfekt zusammen. »Wie ich in den Wald hineinrufe, so schallt es zurück!« – dieses Sprichwort gilt für alle zwischenmenschlichen Beziehungen. Wenn wir destruktive Familienbeziehungen verhindern wollen, hat uns der Psalmdichter einen guten Rat gegeben. Im Sinne des Psalmwortes sollten wir uns ständig fragen: *»Durchforsche mich, Gott, sieh mir ins Herz, prüfe meine Wünsche und Gedanken!« (Psalm 139, 23)*

Wir durchschauen oft unsere geheimen Motive und Wünsche nicht. Wir kriechen uns quasi selbst auf den Leim. Unsere egoistischen Wünsche geben wir für ein positives Erziehungsziel aus.

Anregung 6:
Nesthäkchen dürfen sich nicht drücken!

Der amerikanische Psychologe Kevin Leman ist der Meinung, dass Nesthäkchen »Weltmeister im ›Sich-vor-der-Arbeit-Drücken‹ sind.« Sie geben sich klein und hilflos, so dass ihre älteren Geschwister, Großeltern und Eltern animiert werden, für sie die Arbeit zu erledigen.

Von klein auf haben sie Verhaltensmuster entwickelt, die dazu dienen sollen, die Erwachsenen zu entmachten. Sie verstehen es meisterhaft, ihren Charme spielen zu lassen, der die erwachsene Umwelt beeindruckt.

Haben es Nesthäkchen nicht gelernt, mitzuarbeiten und Verantwortung zu übernehmen, werden sie später Partner suchen, die ihnen die Arbeit wieder abnehmen und die Verantwortung tragen werden.

Anregung 7:
Unterstützen Sie nicht das »Petzen« der Jüngsten!

Jüngste Kinder, die sich bei Eltern einschmeicheln wollen, sind häufig »Petzer«. Verbotene Spiele, Rauchen, Kiffen der älteren Geschwister oder wenn die Eltern von älteren Geschwistern belogen werden, das jüngste Kind berichtet treu und brav, was es gesehen und gehört hat.

Das Gleiche gilt, wenn Kinder zusammen spielen. Oft ist es das Jüngste, das provoziert. Bekommt es dann vom Ältesten eine gelangt, schreit es womöglich wie am Spieß durch alle Räume. Die Mutter kommt entsetzt ins Kinderzimmer und schimpft und tadelt das älteste Kind. Das Jüngste wird von der Mutter in Schutz genommen, das älteste Kind bestraft, und das Jüngste triumphiert!

Anregung 8:
Glauben Sie an die Gaben des Jüngsten.

Viele Jüngste sind tüchtig, ehrgeizig und wollen mit ihren älteren Geschwistern mithalten. Wenn aber einige ältere Geschwister besonders ehrgeizig, intelligent und schulisch erfolgreich sind, kann sich das deprimierend auf das jüngste Kind auswirken. Es glaubt nicht an sich und vertraut nicht seinen Fähigkeiten. Wenn die ehrgeizigen Eltern diese älteren Kinder dann dem Jüngsten auch noch ständig als Vorbild offerieren, entmutigen sie ungewollt den Nachzügler und verstärken dessen Minderwertigkeitsgefühle.

»Das schaffe ich nie!«, »Da komme ich niemals hin!« – das sind Aussagen der jüngsten Kinder, die an ihren Gaben und Möglichkeiten zweifeln.

Anregung 9:
Erwartungen im Alter.

Von jüngsten Kindern wird nicht selten erwartet, dass sie sich um ihre alt gewordenen Eltern kümmern. Je stärker El-

tern diese Erwartung aussprechen oder durchblicken lassen, desto mehr kann das jüngste Kind unter Druck geraten.

Freunde oder Freundinnen, die das jüngste Kind mit
nach Hause bringt und die als Partner infrage kommen
können, werden häufig äußerst kritisch gesehen und beurteilt.

Eltern wollen Haus und Besitz gern ihrem jüngsten
Kind »vermachen«, wenn es sie im Alter pflegt. Fühlt sich
das Jüngste erpresst, vor allem, wenn es sich um ein Mädchen handelt, kann es zu unangenehmen Spannungen
kommen, die alle Parteien belasten.

Verhaltensmuster des jüngsten Kindes – ein Selbsterforschungsfragebogen

Das jüngste Kind:	stimmt nicht	stimmt
kann manipulieren		
ist unselbstständig		
ist verwöhnt		
ist abhängig		
steht gern im Rampenlicht		
ist ein süßer Fratz		
ist unterhaltsam		
ist charmant		
ist unkompliziert		
ist eine Nervensäge		
ist ein Clown		
ist entmutigt		
will gelobt werden		
ist rebellisch		
ist kritisch		

Das jüngste Kind:	stimmt nicht	stimmt
ist eigenwillig		
ist ungeduldig		
ist verträumt		
will Aufmerksamkeit		
handelt menschenbezogen		
ist verspielt		
ist leichtlebig		
ist verantwortungsscheu		
macht Streiche		
ist ehrgeizig		
ist ein Streber		

Was fehlt?

_____

_____

_____

Hilfen für die Auswertung

1. Hier handelt es sich um typische – und andere – Verhaltensweisen der jüngsten Kinder.
2. Kreuzen Sie bitte an, ob die Verhaltens- und Einstellungsmuster Ihrer Meinung nach für Ihr jüngstes Kind stimmen oder nicht.
3. Fehlen Ihrer Meinung nach Verhaltensmuster auf dem Fragebogen, die für Ihr jüngstes Kind typisch sind? Tragen Sie sie bitte nach.
4. Gewichten Sie die angekreuzten Muster. Stellen Sie die fünf wichtigsten Lebenseinstellungen heraus, die für Ihr Kind wichtig sind, positive oder auch kritische.

5. Welche Muster und Motive der jüngsten Kinder wollen Sie fördern? Welche Muster oder Motive wollen Sie korrigieren?

6. Wenn Sie als Vater, Mutter oder als Erwachsener auch als jüngstes Kind herangewachsen sind, können Sie diesen Bogen ebenfalls ausfüllen.
   – Welche Muster und Eigenarten waren für Sie als Kind bestimmend?
   – Welche Muster und Eigenarten kennzeichnen Sie noch heute?
   – Welche Muster und Eigenarten haben sich geändert?

7. Bitte ergänzen Sie folgende Aussagen. Wählen Sie eine der zwei Formulierungen aus, und geben Sie drei bis fünf Antworten auf die »Wenn-Sätze«.

Ich gelte nur etwas, wenn ich _____

Ich gelte nur etwas, wenn ich _____

Ich gelte nur etwas, wenn ich _____

Ich fühle mich gut, wenn _____

Ich fühle mich gut, wenn _____

Ich fühle mich gut, wenn _____

Gewichten Sie anschließend die Reihenfolge der Antworten. Welche Aussage steht an erster Stelle, welche an zweiter und welche an dritter?

KAPITEL 8

Kinder im Doppelpack – Zwillinge

Besonders eineiige Zwillinge werden miteinander verglichen. Sie können sich sehr aneinander gewöhnen und miteinander verbunden sein, sie können sich aber auch gegensätzliche Rollen suchen, sich voneinander unterscheiden und abgrenzen.

Zwillinge, denen es nicht gelingt, selbstständig und unabhängig zu werden, kleben aneinander und machen sich gegenseitig voneinander abhängig.

Ein Geschwister kann die Rolle

- des Vorbildes,
- des Vorläufers,
- des Stärkeren,
- des Entscheidungsträgers

annehmen, während das andere Geschwister im Schlepptau bleibt und unter mangelnder Identität leidet.

Auf der anderen Seite haben Zwillinge aber auch viele Vorteile. Sie sind nie allein, profitieren von gemeinsamen Erfahrungen, spüren eine außerordentliche Solidarität und erleben gegenseitige Unterstützung.

Ein eineiiges Zwillingspaar kommt etwa einmal unter 300 Geburten vor. Ist das eine Laune der Natur? Oder gar ein Wunder Gottes? Immerhin, jeder 43. Mensch, der auf die Welt kommt, ist ein Zwilling!

Verhaltensgenetiker untersuchen seit Jahren die Gründe für Unterschiede und Gemeinsamkeiten bei Geschwistern, besonders bei eineiigen Zwillingen.

Geschwister haben die Hälfte der variablen Gene gemeinsam. Bei eineiigen Zwillingen haben außerdem

- beide das gleiche Geschlecht,
- beide die gleiche Augenfarbe,
- beide die gleiche Größe,
- beide das gleiche Erbgut,
- beide die gleiche Intelligenz,
- beide das gleiche Gewebe.

Eineiige Zwillinge haben anderen Menschen voraus, dass sie sich gegenseitig Organe spenden können, die nicht als Fremdkörper abgestoßen werden. Sie sind spiegelgerechte Abbilder des anderen. Wenn der eine zum Beispiel Rechtshänder ist, ist der andere ein Linkshänder.

»Schließlich kennen und erleben sie sich schon länger und intensiver als alle anderen, also zum Beispiel die Eltern. Sie kennen sich schon aus der Zeit im Bauch und haben, wie man heute weiß, bereits dort miteinander persönlichkeitsprägende Erfahrungen gemacht. Sie haben noch nie erlebt, einzig und allein zu sein.«[1]

Unter allen Geschwisterkonstellationen spielen Zwillinge eine besondere Rolle. Sie waren gemeinsam im Bauch der Mutter und haben eine gemeinsame Entwicklung erlebt, die zusammenschweißt, aber auch zu schmerzlichen Konflikten führen kann.

Die Erfahrungen mit den Geschwistern und den Eltern in der Kindheit bilden die Basis für unseren Umgang

- mit Nähe und Distanz,
- mit Vertrauen und Misstrauen,
- mit Konkurrenz und Ablehnung,
- mit Versöhnung und Konflikten.

Je geringer der Altersabstand zwischen den Geschwistern, desto mehr neigen sie zur Identifikation, aber auch zum Konkurrenzverhalten. Zwillinge, die gleichen Geschlechts sind, erleben Sicherheit, Nähe, Einfühlungsvermögen und Unterstützung besonders stark. Leider machen sie auch negative Erfahrungen, nämlich

- Abhängigkeit,
- Unselbstständigkeit,
- Unsicherheit
- und Angst vor Trennung.

Romulus und Remus

Zwillinge haben in der Literatur immer eine besondere Rolle gespielt. Die mythologischen Zwillinge Romulus und Remus sind solche Musterexemplare.

Die beiden Jungen werden auf dem Tiber ausgesetzt, einem Fluss im heutigen Italien, der damals Hochwasser führte. Irgendwo bleiben sie im Schilf hängen. Die Götter schicken eine Wölfin, die die Kinder säugt und aufzieht. Später findet sie ein Hirtenpaar. Die Hirtin ist unfruchtbar und gibt daher die beiden als ihre Kinder aus. Die Zwillinge wachsen in den Wäldern in der Nähe Roms auf, wo sie mit den wilden Tieren spielen.

Später gründen beide die Stadt Rom.

Nun könnte man meinen, alles sei in schönster Ordnung, aber nein, sie streiten sich wie die Kesselflicker!

Schließlich gehen sie gar mit dem Schwert aufeinander los. Remus fällt seinem Bruder ins Schwert und stirbt. Romulus begräbt ihn unter den Mauern Roms.

Wieder ein Mord unter Geschwistern!

Eifersucht und Konkurrenzkampf spielen unter Geschwistern, besonders unter Zwillingen, eine besondere Rolle.

In der Bibel wird uns von zweieiigen Zwillingen berichtet, die sich ebenfalls bekämpften. Jakob und Esau sind sowohl äußerlich als auch innerlich grundverschieden. Jakob, der Jüngere, ist Mutters Liebling. Esau hingegen wird vom Vater bevorzugt, schließlich ist er ja auch der Erbe.

Jakob ist ein gefährlicher Betrüger. Erst ergaunert er sich Esaus Erstgeburtsrecht und stiehlt schließlich – nach einem gemeinsamen Plan mit seiner Mutter – dem älteren Bruder auch noch den Segen des Vaters.

Eineiige Zwillinge

Obschon eineiige Zwillinge erblich gleich sind, gibt es doch winzige äußerliche Abweichungen. Die Eltern merken sich solche feinen Unterschiede, um die beiden auseinander halten zu können. Andere Eltern meinen dagegen, ihre Kinder an Unterschieden im Temperament zu erkennen.

- Ein Zwilling *lacht* mehr als der andere.
- Ein Zwilling *redet* mehr als der andere.
- Ein Zwilling ist *beweglicher* als der andere.
- Ein Zwilling ist *stärker* als der andere.
- Ein Zwilling ist mehr auf *Mutter fixiert*, ein anderer stärker auf den *Vater*.
- Ein Zwilling *schläft* mehr als der andere.

Der französische Professor für Kinderpsychologie, Marcel Rufo, schreibt:

»*Alles wird zum Anlass genommen, um Unterschiede aufzu-
zeigen, echte oder eingebildete. Wenn die Eltern berichten, Paul
sei ein aufgewecktes Kind, während Jaques sich mehr in sich
selbst verschließe, Charlotte sei lebensfroh, Juliette dafür aus-
geglichener, Pierre sei quengelig, Jules angenehm und rundum
zufrieden, wirken sich diese Einschätzungen natürlich auf ihre
affektiven Beziehungen zu Kindern aus. Denn diese Typologien
haben Unterschiede im Erziehungsstil zur Folge.*«[2]
Die Kinder werden unbewusst verschieden behandelt.
Die Charakterzüge, die von den Eltern vermittelt werden,
verstärken sich, weil sie von den Eltern wahrgenommen
werden. Unterschiede bei Kindern, die mindestens ein Jahr
Abstand voneinander haben, sind normal. Bei Zwillingen
werden die Unterschiede häufig in die Kinder hineingelegt.
So haben eineiige und zweieiige Zwillinge mit dem gleichen Geschlecht nie denselben Charakter.

Die eigene Identität muss gefördert werden

Ein besonderes Problem bei eineiigen Zwillingen ist das
Finden der eigenen Identität. Zwillinge sind es gewohnt,
nur im Doppelpack aufzutreten. Schon im Mutterleib waren sie aneinander gebunden. Sie werden

- gemeinsam gebadet,
- gemeinsam gewaschen,
- gemeinsam gewickelt,
- gemeinsam spazieren gefahren,
- gemeinsam gefüttert.

Der eine ist der ständige Begleiter des anderen. Keiner muss
das Zusammenleben mit anderen erlernen. Jeder erlebt
sich im Spiegel des anderen.

Aber was beide lernen müssen,

- ist Selbstständigkeit,
- ist Abgrenzung,
- ist Eigenverantwortlichkeit,
- ist die Stärkung der eigenen Identität.

Von daher ist es zu begrüßen, wenn Zwillinge sich unterschiedlichen Elternteilen zuwenden und wenn beide Eltern sich je um einen Zwilling bemühen. Auf diese Weise ist gewährleistet, dass sie zu einzigartigen Persönlichkeiten heranwachsen.

Der eben schon genannte französische Kinderpsychologe Rufo macht darauf aufmerksam, was Zwillinge von anderen Säuglingen unterscheidet:

»Normalerweise hört ein Säugling etwa mit sechs Monaten auf seinen Namen, und etwa mit zwei Jahren spricht er ihn selbst aus. Zwillinge dagegen erkennen ihren Vornamen in differenzierter Form erst mit zwei Jahren und sind mit drei Jahren in der Lage, ihn auszusprechen (...) Zwillinge, die sich bis zu einem gewissen Alter nicht voneinander abgrenzen können, laufen Gefahr, Intelligenzstörungen und schwere psychische Schäden davonzutragen.«[3]

Darum ist es erforderlich, dass Zwillinge getrennt werden. Sie sollten möglichst in unterschiedliche Kindergärten gehen, unterschiedliche Schulen besuchen und unterschiedliche Sportstätten benutzen. Hilfreich ist auch, dass sie zum Beispiel unterschiedliche Musikinstrumente erlernen und sich auch so voneinander abheben. Dass Finden der eigenen Identität ist für gleichgeschlechtliche Zwillinge lebensnotwendig.

Zwillinge entwickeln eine eigene Sprachwelt

Es liegt auf der Hand, dass Zwillinge, die sich wie eine rechte und eine linke Seite zugehörig fühlen, auch auf eigenwillige Weise miteinander kommunizieren. Wenn Eltern, Geschwister und Großeltern nicht genügend mit den einzelnen Zwillingen sprechen oder sich zu wenig mit ihnen beschäftigen, entwickeln die beiden eine problematische Kommunikation. Sie verstehen sich wortlos oder aber durch bestimmte Gesten.

- Beide praktizieren ein Sprachverhalten, das Erwachsene nicht verstehen und nicht verstehen *sollen*.
- Beide bauen sich eine eigene Welt auf.
- Beide entwerfen eine unbekannte Sprache, die nur sie selbst verstehen.
- Beide sind der Gefahr ausgesetzt, sich abzukapseln.

Daher benötigen Zwillinge mehr Zuwendung als Einzelkinder. Je öfter sie getrennt werden, desto mehr gelingt es beiden allein, eigene Gedanken, eigene Pläne, eigene Gewohnheiten und eigene Meinungen zu entwickeln.

Zwillinge bleiben auch häufig sprachlich hinter den Leistungen Gleichaltriger zurück, weil sie sich als ein zusammengewachsenes »Wir« verstehen. Es fällt ihnen schwer, klar und deutlich »ich« und »du« zu sagen. Auch dieser Tatbestand weist darauf hin, wie gut es ist, das Zwillingspärchen so früh wie möglich zu trennen.

Auch gleiche Kleider, gleiche Anzüge und gleiche Farben bereiten den Eltern und Großeltern oft große Freude, haben sie viel Spaß daran, wenn die Zwillinge nahezu gleich aussehen. Aber für ihre Persönlichkeitsentwicklung ist das schädlich.

Zwillinge entwickeln auch gern ein Nachahmungsverhalten. Einer schaut dem anderen auf die Hände. Was der eine praktiziert, wird vom anderen nachgemacht. Da ist es wichtig, darauf zu achten, dass kein Zwilling dem anderen hörig wird. Das kann so weit gehen, dass er dann glaubt, ein Teil des anderen zu sein.

Zwillinge erreichen nur dann ein gutes Selbstwertgefühl und eine stabile Selbstverantwortung, wenn sie in ihrer Unterschiedlichkeit gefördert und gestärkt werden.

Wer dominiert den anderen?

In den meisten Fällen hat der ältere Zwilling, der etwa fünf Minuten oder eine halbe Stunde vor dem anderen geboren wurde, die Nase vorn. Statistiken belegen, dass bei 80 % der zweieiigen und 75 % der eineiigen Zwillinge ein Kind sich dem anderen gegenüber dominant verhält.

Ich hatte als Dozent für Psychologie und Pädagogik an einer staatlichen Altenpflegeschule einmal ein eineiiges Paar in der Klasse. Beide wollten Altenpfleger werden. Als beide ihre Abschlussarbeit erhielten, hatte die Ältere mit »gut« abgeschlossen, während die andere ein »Befriedigend« bekam. Woran lag das?

Die Älteste hatte eine Führungsnatur, ergriff immer und überall die Initiative und traf häufig für beide die Entscheidungen. Ihre Kindheit über hatten sie ein gemeinsames Schlafzimmer gehabt, und auch jetzt lebten sie gemeinsam in einer kleinen Wohnung. Die Jüngere dagegen lehnte sich an. Wenn die beiden mich in der Pause sprechen wollten, stand die Ältere direkt vor mir, die Jüngere einen Schritt hinter ihrer Schwester.

Die Abhängigkeit und Unselbstständigkeit der Jüngeren war auffällig. Beide verstanden sich glänzend, keiner konnte ohne den anderen Zwilling leben. Eltern, Lehrer und Großeltern hatten diese Symbiose immer bewundert. Aber niemand hatte die völlige Abhängigkeit des jüngeren Zwillings bemerkt. Die jüngere Schwester lebte buchstäblich im Windschatten der älteren.

Sie waren beide unverheiratet. Beide hatten schon mal für eine kurze Zeit eine freundschaftliche Beziehung zu einem jungen Mann gepflegt. Aber da beide wie zusammengewachsene Teile aneinander klebten, hatten sich die männlichen Partner bald wieder verabschiedet. Gerade in den Jahren der Freundschaft mit einem Mann aber hatten beide auch die heftigsten Auseinandersetzungen. Als die jüngere Schwester schließlich mit dem Gedanken an Selbstmord spielte, spürten auch die Eltern, dass da in der Erziehung etwas schief gelaufen war.

Die Zwillingsforschung

Die Untersuchungen der Zwillingsforschung beschreiben, inwieweit Krankheiten, Psychosen und Homosexualität eine genetische Disposition ergeben. Auch die Unterscheidung von Erb- und Umwelteinflüssen soll differenziert werden.

Zum Beispiel zeigen 65 % der eineiigen (monozygoten) Zwillinge eine Übereinstimmung bei affektiven Psychosen. Bei zweieiigen Zwillingen liegt die Übereinstimmung bei etwa 20 %.[4]

»Affektive Psychosen« bzw. »affektive Störungen«, wie die Fachleute sie bezeichnen, sind psychische Störungen, die sich besonders durch Veränderung der Stimmungslage auszeichnen. Dazu zählen die Major-Depression, dystyme Störungen sowie die bipolare Störung, die früher als manisch-depressive Krankheit definiert wurde.

Immer wieder hat sich die Zwillingsforschung auch für

das Thema Homosexualität interessiert. In einem Gutachten, das Professor Martin Dannecker, Leiter des sexualwissenschaftlichen Institutes der Universität Frankfurt, für die Bundesregierung erstellte, heißt es:

»Alle in der Vergangenheit angestellten Versuche, die Homosexualität biologisch zu verankern, müssen als gescheitert bezeichnet werden.«[5]

Dannecker hat die Gebiete der Genforschung, der Hirnforschung, der Hormon- und Zwillingsforschung mit berücksichtigt. Das heißt im Klartext: Homosexuelle, bisexuelle und transsexuelle Neigungen sind nicht angeboren.

Die Zwillingsstudien, die die Homosexualität untersuchten, ergeben eine Konkordanzrate (das heißt, beide Zwillinge sind homosexuell) von 52 % bei eineiigen Zwillingen und 22 % bei zweieiigen. Diese Studien unterstützen die Bedeutung der Erziehung und der Umweltfaktoren. Denn wenn Homosexualität im genetischen Code verankert wäre, müssten bei eineiigen Zwillingen beide Mitgeschwister homosexuell sein.

KAPITEL 9

Andere Geschwisterpositionen

Es ist mir im Rahmen dieses Buches natürlich nicht möglich, *alle* Geschwisterpositionen abzuhandeln. Auf einige möchte ich aber dennoch besonders hinweisen.

Der einzige Junge unter Mädchen

Er wird es schwer haben, seine Rolle *als Mann* zu finden, da er in einer völlig weiblichen Umgebung lebt. Der Vater ist in der Regel den größten Teil des Tages abwesend. Der Junge kann leicht das Gefühl entwickeln, anders zu sein. Dieses Gefühl kann ihn irritieren und seine Identifikation beeinträchtigen.

Es kann aber auch dazu führen, dass er seine Männlichkeit besonders herausstellt. Weil er nämlich ständig mit Mädchen oder Frauen rivalisiert, streicht er sein Mannsein überdurchschnittlich heraus. Er glaubt, sich gegen die weibliche Übermacht zur Wehr setzen zu müssen.

Es ist also denkbar, dass seine Entwicklung *extrem* verläuft, dass er weibliche oder weibische Züge zeigt oder aber seine männliche Rolle überbetont.

Das einzige Mädchen unter Jungen

Ein Mädchen, das nur unter Jungen aufwächst, macht ebenfalls spezielle Erfahrungen.

Ich habe ein Mädchen behandelt, dass lesbisch rea-

gierte, weil es mit seinen Brüdern, den männlichen Geschwistern, mithalten wollte. Es zeigte ein burschikoses
Verhalten, rauchte gern, spielte Fußball, hatte sich eine
freche Redeweise angewöhnt und war stolz, wenn es als
»Kumpel« der Jungs ernst genommen wurde. Um mithalten zu können, übertrieb es aber seine Rolle und wirkte auf
Jungen und auf Mädchen abstoßend.

Erst als das Mädchen am eigenen Leibe erlebte, dass es
sich *zwischen alle Stühle* gesetzt hatte, begann ein ernsthaf-
tes Umdenken. Es zog mit 18 Jahren nach Süddeutschland,
begann sich zu schminken, betonte seine Weiblichkeit und
trug nur noch Röcke. Es schloss sich der Jugendgruppe
einer Kirchengemeinde an, kultivierte den Umgang mit
Frauen und Mädchen und wurde von jungen Männern um-
worben. So fand es zu seiner wirklichen Identität zurück.

Das abgelehnte Kind

Abgelehnte Kinder, das heißt solche, die mit Spielgefährten
in der Gruppe, in der Klasse oder auf dem Spielplatz Kon-
taktschwierigkeiten haben, sind in der Regel Erstgeborene
oder Einzelkinder. Erstgeborene wurden entthront, sie
kämpfen um ihre Vormachtstellung. Einzelkinder dagegen
haben die Kooperationsfähigkeit nicht gelernt.

Ein weiterer Grund, abgelehnt zu werden, sind so genannte Organminderwertigkeiten. Ein Kind ist zum Beispiel

- zu dick,
- sehr klein,
- mit einem starken Sehfehler behaftet,
- körperbehindert,
- geistig zurückgeblieben.

Kinder können hart und lieblos sein. Oft handelt es sich bei den Abgelehnten um introvertierte Kinder, die kontaktschwach sind und auf dem Schulhof und in der Klasse zwischenmenschlichen Kontakten aus dem Wege gehen. Sie brauchen und wollen keine Spielgefährten, sondern sitzen lieber halbe Tage zu Hause vor ihrem Computer.

Auch innerhalb der Familie kann ein Kind abgelehnt werden. Es wird häufig zum »Sündenbock«, auf den sich alle einschießen. Wenn etwas schief geht, etwas kaputtgemacht wurde, etwas vermisst wird oder gar gestohlen wurde, immer ist der Sündenbock als Erster in Verdacht. Er wird für alle Missstände verantwortlich gemacht. Die Familie besitzt in ihm einen vorzüglichen Blitzableiter.

Ablehnung in der Schule erfährt häufig auch der *Streber* oder die *Streberin*. Sie fallen aus der Rolle. Nicht wenige von ihnen sind sehr »unkameradschaftlich«. Sie lassen nicht abschreiben und ziehen sich den Unmut der Benachteiligten zu. Sie werden gemieden, isoliert, oftmals gemobbt und schließlich gar aus der Klassengemeinschaft ausgeschlossen.

Das ungewollte Kind

Ungewollte Kinder sind häufig störanfällige Kinder.

- Sie werden geduldet, aber nicht bejaht.
- Sie werden genährt, aber nicht geliebt.
- Sie werden großgezogen, aber als Belastung empfunden.

Im Auftrage des Bundesministeriums für Jugend, Familie und Gesundheit hat die »Gesellschaft für Grundlagenforschung« in München eine Repräsentativstudie durchgeführt und 1005 Schwangere in der Bundesrepublik gefragt, ob sie das Kind bewusst wollten oder nicht. 51 % der Befragten gaben an, das Kind nicht zu wollen. Mit anderen Worten: Jedes zweite Kind wird nicht aus vollem Herzen bejaht und entsprechend erwartet. Wenn auch die meisten Mütter sagten, dass sie sich etwa nach dem dritten Monat mit dem Zustand abgefunden hätten, bleiben doch erhebliche unbewusste Widerstände, die mit an Sicherheit grenzender Wahrscheinlichkeit später auch an den in ihnen heranwachsenden Kindern nicht spurlos vorübergehen.

Wenn die Zahl der Identifikationsgestörten, die Zahl der Menschen mit seelischen Schwierigkeiten, die Zahl der Jugendlichen mit lang anhaltenden Pubertätskrisen und Partnerschaftskonflikten ansteigt, dann können wir in der ungewollten Schwangerschaft keineswegs eine nebensächliche Angelegenheit erblicken.

Das ungeliebte Kind

Die Position des ungeliebten Kindes muss das Persönlichkeitsbild mitformen.

Ich mache in meiner Praxis der Beratung folgende Beobachtung: Zunehmend kommen junge Frauen mit Symptomen einer Schwangerschaftspsychose. Das heißt, dass sich dabei Gleichgültigkeit, Abwehr, Desinteresse und gar Mordgelüste gegen das Neugeborene in vielen Schattierungen äußern.

Der Traum einer Frau mit entsprechenden psychotischen Symptomen lautet in der Kurzfassung: »Mich zieht es in die Stadt. Ich gehe die Straße entlang. Überall begegnen mir Frauen, die ebenfalls auf dem Wege in die Stadt sind. Fenster gehen auf, und die Frauen rufen laut: ›Nimm mich mit!‹«

Es handelt sich um eine Frau, die sich vor ihrer Ehe beruflich mit Kindern beschäftig hat. Die Geburt eines eigenen
Kindes jedoch wirft sie völlig aus der Bahn. Ihre Selbstständigkeit ist bedroht, denn die berufliche Betätigung ist zu
Ende. Die vier Wände werden zum Gefängnis. Mit dem
Kopf will sie das Kind haben und lieben, ihre gesamte
Existenz aber bäumt sich dagegen auf. In der Schwangerschaftspsychose reagiert sie ihre widersprüchliche Einstellung ab.

Heute spricht man gern von der »postpartalen Depression«. Die Ursachen hierfür liegen bis heute weitgehend im
Dunklen. Auf biologischer Seite werden vor allem hormo-
nelle Veränderungen diskutiert. Zu den seelischen Problemen der Betroffenen zählen:

– Partnerschaftsprobleme,
– mangelhafte Unterstützung,
– belastende Lebensereignisse,
– Introversion und Neurotizismus.

Wissenschaftler aus den Niederlanden befragten 277
Frauen zu mehreren Zeitpunkten vor und nach der Geburt.
Sie schreiben:

*»Zwei Persönlichkeitseigenschaften erwiesen sich als ris-
kant: Neurotizismus und Introversion. Menschen mit ausge-
prägtem Neurotizismus sind nervös, ängstlich und unsicher. Introvertierte Menschen wirken verschlossen und gehen selten aus
sich heraus. Insbesondere die Kombination aus beiden Eigenschaften erwies sich als riskant: Junge Mütter mit hohem Neurotizismus und starker Introvertiertheit entwickelten vier- bis
sechsmal häufiger eine postpartale Depression als solche, bei
denen nur eines der Merkmale deutlich ausgeprägt war.«[1]*

Ein Kind, das die Ehe retten soll

Das Ehepaar Hildebrandt hat keine Kinder. Er ist 42 Jahre alt, sie 38. Beide hatten sich schon vor ihrer Eheschließung dazu entschieden, ihrem Beruf zuliebe ihr Leben ohne Kinder zu gestalten. Er hat Grafik und Design studiert, arbeitet als Grafiker in einer Werbeagentur und möchte eines Tages eine eigene Firma gründen. Sie ist in einem renommierten Verlag angestellt, wo sie für eine Zeitschrift das Layout erstellt. Beide gehen völlig in ihrem Beruf auf, aber am Wochenende verspüren beide regelmäßig eine große Leere. Während eines gemeinsamen Urlaubs bekamen beide einen »Durchhänger«, wie sie das nannten.

Die Freude am Miteinander ist ihnen abhanden gekommen. Die Romantik aus der Zeit vor der Ehe ist verflogen, der Alltag wird vom Beruf ausgefüllt und die Freizeit für Besorgungen, Wäsche und Haushalt genutzt. Beide laufen nebeneinander her und vermissen etwas.

Sie unterhalten sich oft mit Freunden und Bekannten, die ihrerseits in ihren Familien vollauf mit Kindern beschäftigt sind. Immer wieder werden sie nach einem Kind gefragt, und nun überlegen beide ernsthaft, ob nicht ein Kind die Langeweile und Gleichgültigkeit ihrer Ehe verändern könnte. Die Frau kann sich gut vorstellen, ein paar Jahre aus dem Beruf auszusteigen, um für das Kind da zu sein und dem Zuhause eine neue Geborgenheit zu geben.

Und tatsächlich: Ein Jahr später kommt ihr erstes Kind zur Welt, ein gesundes Mädchen. Die Mutter ist glücklich und kümmert sich intensiv um das kleine Wesen. Aber der Mann kann mit dem kleinen hilflosen Wesen nichts anfangen. Er war auch am stärksten gegen das Kind, denn er sieht im Kind keinen Ehekitt, keine Bereicherung und keine Belebung der ehelichen Gemeinschaft. Stattdessen erlebt er, dass er sich vernachlässigt fühlt, wenn er nach Hause kommt.

Herr Hildebrandt ist ein verwöhntes Einzelkind und will von der Partnerin in den Mittelpunkt gestellt werden. Nun aber beansprucht das Kind die Mutter.

Frau Hildebrandt hat in den Jahren zuvor alles Geld in Kleider, teure Unterwäsche und Kosmetika gesteckt, um ihrem Partner zu gefallen. Jetzt fühlt sie sich überfordert und kann weder die Erwartungen des Kindes noch die ihres Mannes erfüllen.

Der Mann realisiert in dieser Zeit endlich seine Pläne, eine eigene Firma zu gründen. Von morgens bis in die Nach ist er damit beschäftigt. Er flieht vor der Familie. Und als er die Beratung aufsucht, wird deutlich, dass beide die Weichen für ihre Ehe und für ihre Zukunft falsch gestellt haben. Seine Firmengründung kommt zum völlig falschen Zeitpunkt. Die Frau konzentriert sich auf das Kind, um einen Lebenssinn zu haben. Die Zeitschrift hat längst eine andere Layouterin beschäftigt.

Ein Kinderwunsch kann nicht als Ehekitt verstanden werden. Das Kind hilft nicht, die Ehebeziehung zu verbessern. Beiden Partnern in unserem Beispiel gelingt es nicht, ihre Ehe zu retten. Die Frau will auf keinen Fall wieder ins Berufsleben zurück. Und der Mann will »keine Mutti am Herd«, wie er es formuliert. Der Abstand ist nicht zu verkleinern.

Nach einem Jahr löst der Mann die Ehe schließlich auf und reicht die Scheidung ein. Sein Fazit: »Unsere Ehe ist hoffnungslos versandet!«

KAPITEL 10

Geschwisterbeziehungen
in Patchworkfamilien

Die traditionelle Familie hat seit Jahren Konkurrenz bekommen. Geschiedene Mütter und Väter mit und ohne
Kinder schließen sich zu neuen Familienverbänden zusammen. Man spricht auch

- von der Stieffamilie,
- von der Folgefamilie,
- von der Lego-Familie,
- von der Fortsetzungsfamilie,
- von der Zweitfamilie,
- von der Patchworkfamilie.

Familienstatistiker schätzen, dass in Deutschland etwa
zwei Millionen – das entspricht etwa 10 % aller Familien –
Stieffamilien sind. Alle Sozialwissenschaftler gehen davon
aus, dass diese Familienform im Laufe der Jahre noch zu-
nimmt.

Scheidung und Wiederverheiratung –
ein Problem für Christen

Der ursprüngliche Wille Gottes ist die lebenslange Ehe zwischen Mann und Frau. Aber selbst Jesus hat die Eheschei-
dung gestattet, wenn er sagt:
*»Mose hat wegen euerer Herzenshärtigkeit euch gestattet,
eure Frauen zu entlassen; von Anfang an aber ist es nicht so*

gewesen. Ich aber sage euch, wer seine Frau entlässt, außer wegen Hurerei, und eine andere heiratet, der begeht Ehebruch.«
(Matthäus 19, 8–9)

Halten wir fest: Jesus spricht hier unmissverständlich von Ausnahmen! Die Ausnahmen beziehen sich auf das, was mit dem griechischen Wort *porneia = Unzucht, Hurerei* ausgedrückt wird. Darunter verstehen wir – und ich beziehe mich hier auf eine Definition der Buchautoren Hansjörg und Rosemarie Bräumer:

– Prostitution,
– Homosexualität,
– Verkehr mit Tieren,
– Nichtachtung der Würde des anderen,
– Kindesmisshandlung,
– bewusst weitergeführte außereheliche Beziehungen.[1]

Und wann ist unter geistlichen Gesichtspunkten eine Wiederverheiratung möglich?

Das eben zitierte Ehepaar Bräumer fasst die Wiederheirat ins Auge, wenn folgende Voraussetzungen erfüllt sind:

Voraussetzung 1: Wenn der Seelsorger Geschiedene vor Gottes Altar traut, tut er das nicht im Namen irgendeines Rechtes, sondern im Namen der Vergebung durch das Kreuz Jesu Christi, die auch die Sünde der Scheidung reinwaschen kann.

Voraussetzung 2: Die im Sühnetod Jesu gründende Vergebung gilt für alle Sünden. Sie umfasst die Sünde der Gedanken und des Begehrens in gleicher Weise wie die zur Tat gewordene Schuld.

Voraussetzung 3: Der Seelsorger führt den Traugottesdienst nicht im Haus oder in der Stille durch, sondern in der Gemeinde.

Voraussetzung 4: Der Seelsorger darf bei der Trauung Geschiedener die Weisungen Jesu nicht unterschlagen. Er macht sich sonst schuldig vor Gott und den Menschen.

Voraussetzung 5: Der gesamte Ablauf des Traugottesdienstes ist dadurch geprägt, das es sich nicht um eine erste Trauung handelt, sondern um einen Neuanfang nach einer zerbrochenen Ehe.

Voraussetzung 6: Die Scheidung wird nicht verschwiegen, aber die Einzelheiten bleiben unberücksichtigt. Der Geschiedene darf nicht bloßgestellt werden.

Voraussetzung 7: In der Trauung Geschiedener haben die stille Beichte, der öffentliche Zuspruch der Vergebung für die bekannte und bereute Schuld sowie der Empfang des heiligen Abendmahles die zentrale Stellung schlechthin. Es wird im Traugottesdienst ausdrücklich darauf hingewiesen, dass es für die Vergebung keine Ausnahmeklausel gibt.

Voraussetzung 8: In die Texte, die bei der Trauung Geschiedener verlesen werden, kann folgender Abschnitt eingefügt werden: »Die Ehe ist also nach Jesu Wort unauflöslich. Wo nun auch Christen an dieser Ordnung schuldig geworden sind, müssen wir uns vor Gott beugen. ›Wenn du, Herr, Sünden anrechnen willst, Herr, wer will vor dir bestehen?‹ Gottes Vergebung aber kann einen Neuanfang unter seiner guten Lebensordnung schenken. Dazu verhelfe euch Gott.«[2]

Voraussetzung 9: Der Segen über die ineinander gefügten Hände lautet: »*Gott hat euch einen Neuanfang geschenkt. Was Gott zusammengefügt hat, das soll der Mensch nicht scheiden.*« *(Matthäus 19, 6)*

Voraussetzung 10: Ein Pfarrer, der eine solche Trauung Geschiedener vollzieht, tut dies nicht aufgrund einer direkten Weisung oder eines Gebotes Jesu. Er tut es allein in der Hoffnung auf Gottes Barmherzigkeit.

Diese Voraussetzungen betreffen die geistliche Seite.

Viele Christen leiden darunter, dass ihre Ehe nicht zu

retten war. Sie finden es unerträglich, allein leben zu müssen, und sehnen sich nach neuer Liebe, nach neuer Partnerschaft und nach einer Familie, in denen Eltern und Kinder, Stiefeltern und Stiefkinder glücklich miteinander leben können.

Es ist keine Frage, dass in Stieffamilien besondere Probleme entstehen, weil es sich um zusammengesetzte Familien handelt. Häufig spricht man auch von Scheidungsfamilien, in denen Geschiedene wieder verheiratet sind oder Geschiedene mit ihren Kindern zusammenleben.

Was sind Stieffamilien?

Eine Stieffamilie wird so definiert, dass wenigstens ein Erwachsener ein Stiefelternteil ist. Stiefmütter und Stiefväter haben es nicht leicht, müssen sie doch sich und anderen beweisen, dass sie nicht dem Klischee der »bösen Stiefmutter« oder des »bösen Stiefvaters« entsprechen.

Wir kennen es ja aus Märchen, wo der Stiefelternteil oft verschrien ist und einen schweren Stand hat. Es ist aber äußerst schwierig für Stiefmütter und Stiefväter, sich in der neuen Rolle anzunehmen und die Kinder, die der Partner mitbringt, vorbehaltlos zu bejahen.

Bis zu Beginn des 20. Jahrhunderts – und auch noch später – wurden Stieffamilien in den meisten Fällen dann gebildet, wenn ein Elternteil gestorben war und der Überlebende wieder heiratete. Heute dagegen entstehen Stieffamilien zum größten Teil nach einer Scheidung.

In Deutschland wird jede dritte Ehe wieder geschieden, in manchen Großstädten sogar jede zweite. Da ist es nur logisch, dass Stieffamilien ständig zunehmen.

Stieffamilien sind Risikofamilien

Leider sieht die Statistik, was die Zukunft dieser Stieffamilien angeht, nicht rosig aus. In Amerika werden etwa 40 % der wieder verheirateten Eltern innerhalb der nächsten vier Jahre wieder geschieden. Oder unverheiratet zusammenlebende Partner mit ihren Kindern gehen wieder eigene Wege.

Stieffamilien sind häufig Risikofamilien. Die Neugründung ist mit viel Stress verbunden. Alle Mitglieder in Stieffamilien müssen enorme Anstrengungen auf sich nehmen, um das Schiff Familie flottzumachen. Von allen wird eine große Flexibilität und Kreativität verlangt, um zu überleben. Alle Rollen, alle Positionen, alle Aufgaben, alle Muster des Zusammenlebens müssen neu definiert werden.

Geschiedene Frauen und Männer lernen sich kennen und lieben. Sie glauben, sie hätten es mit sich allein zu tun. Aber weit gefehlt! Gerlinde Unverzagt drückt es in ihrem Buch über Stieffamilien so aus:

»Doch Partner sind immer in unserer Illusion Einzelwesen. Auf Wolke sieben ist zwar kein Platz für die Verwandtschaft, aber unten auf der Erde ist sie dabei. In Wahrheit kriegt man Partner immer in Familienpackung – und die gleicht in der Patchworkfamilie häufiger als in der ersten Familie einer Wundertüte. Überraschungen sind stets inbegriffen, schon weil mehr Menschen beteiligt sind, verschiedene Familientraditionen aufeinander treffen und die Beziehungen der Familienmitglieder untereinander komplizierte Wahrheiten zu leben versuchen.«[3]

Treffend beschrieben!

- Stieffamilien haben keine Vorbilder in der Vergangenheit, die zeigen, wie Elternschaft und Familienleben gestaltet werden können.
- Stieffamilien wissen, dass eingespielte Regeln der Ursprungsfamilie nicht mehr gelten.

■ Stieffamilien sind überall anders und machen andere Erfahrungen.

■ Stieffamilien sind ein Zusammenschluss von Kindern und Erwachsenen, die alle ihre Rollen neu definieren müssen.

■ Stieffamilien sind ein Zusammenschluss, der alle Mitglieder zwingt, über Sinn und Zweck neu nachzudenken.

Die Kennzeichen einer Stieffamilie

■ In Stieffamilien lebt meist ein leiblicher Elternteil der Kinder anderswo. Das heißt, dass die Kinder zu diesem Elternteil eine Beziehung außerhalb der jetzigen neuen Familienbeziehung pflegen müssen.

■ In Stieffamilien haben in der Regel alle Mitglieder in letzter Zeit den Verlust einer wichtigen Bezugsperson erlebt. Die Erfahrungen, die sie gemacht haben, sind prägend
  – für ihr Selbstverständnis,
  – für ihr Gefühlsleben und
  – für die Bewältigung der Lebensaufgaben.

■ In Stieffamilien bestand schon vor der Heirat eine Beziehung zwischen einem Elternteil und Kindern. Das heißt, das jeweilige Stiefelternteil muss sich mit seinen Kindern in eine neue Familienbeziehung integrieren, die vorher schon existiert und ein bestimmtes Beziehungsgeflecht aufgebaut hat.

■ In Stieffamilien sind Kinder Mitglieder von mehr als einer Familiengemeinschaft.
  – Sie waren Mitglieder ihrer Herkunftsfamilie.
  – Sie sind Mitglied in der jetzigen Stieffamiliengemeinschaft.

  – Sie betrachten sich möglicherweise auch als Mit-
    glied in der Gemeinschaft des getrennt – also des
    nicht bei ihnen – lebenden Elternteils. Es ist durch-
    aus denkbar, dass sie sich in solch einer Situation
    hin- und hergerissen und ungeborgen fühlen.
■ In der Stieffamilie hat ein Stiefelternteil keine elterlichen Rechte gegenüber einem oder mehreren Kindern. Es ist auch gut möglich, dass die Stiefkinder
  sich aufmüpfig und rebellisch gegen den »Eindring-
  ling« verhalten, der ihnen einen wichtigen Elternteil
  weggenommen hat.

Formen von Stieffamilien

Da Stieffamilien unterschiedliche Zusammensetzungen
erfahren, ist es hilfreich, dieses Zusammenspiel zu untersuchen.

1. Die Stiefmutter-Familie
Wir sprechen von einer Stiefmutterfamilie, wenn eine Frau
zu einem Mann zieht, der leibliche Kinder mit in die Ehe
bringt.

Das Strukturbild einer solchen Stiefmutter-Familie kann
grafisch so dargestellt werden:

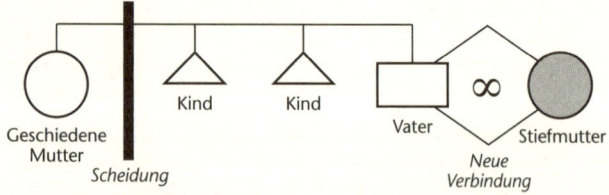

Der Vater ist mit seinen beiden Kindern verbunden, die in
der Regel eine Einheit bilden. Die leibliche Mutter lebt ge-

trennt von der Familie, während die Stiefmutter mit dem Vater als Paar eine kritische Gemeinschaft bildet. Selbst wenn sich beide gut verstehen, muss der Vater seinen beiden Kindern vermitteln, dass er für seine Kinder eine »neue Mutter« gewählt hat. Besonders wenn die Kinder noch klein sind, fühlt sich die Stiefmutter verpflichtet, ihnen eine gute Mutter zu sein. Wenn die Kinder ihre leibliche Mutter sehr vermissen, sind Auseinandersetzungen in der Stiefmutter-Familie vorprogrammiert.

2. Die Stiefvater-Familie

In der Regel ist es die am häufigsten vorkommende Form einer zusammengesetzten Stieffamilie. Im Klartext heißt Stiefvater-Familie, dass geschiedene Mütter mit ihren Kindern zusammenleben, während ein Stiefvater den leiblichen Vater ersetzt.

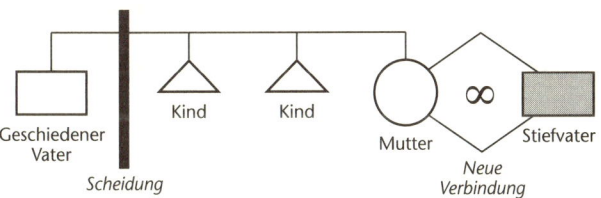

Mutter und Kinder sind häufig eng miteinander verbunden. Die Väter haben es schwer, in das Beziehungsgefüge integriert zu werden. Viele Männer lieben in erster Linie die Frau und nehmen ihr Muttersein nur ungern in Kauf.

3. Zusammengesetzte Familien

Das heißt, zwei Teilfamilien schließen sich zusammen. Eine geschiedene Mutter mit ihren Kindern und ein geschiedener Vater mit seinen Kindern bilden eine neue Familie.

Wahrscheinlich haben es beide Teile schwer, ein effektives und harmonisches Zusammenleben hinzubekommen.

Beide Teilfamilien waren ja nicht in der Lage, ihren bisherigen Familienfrieden aufrechtzuerhalten, wie schwer wird es da erst sein, die Fusion zweier Teilfamilien auf eine solide Basis zu stellen. Beide Elternteile, die nun jeweils auch eine Stiefelternrolle verkörpern, benötigen viel Toleranz und Einfühlungsvermögen, um die unterschiedlichsten Erwartungen und Bedürfnisse der Teilfamilien zu koordinieren.

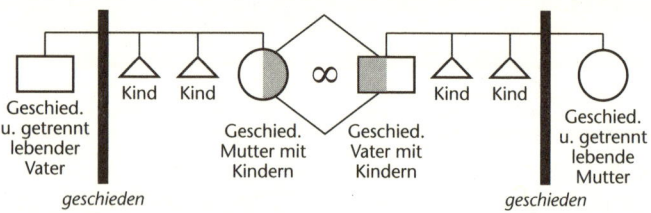

4. Zusammengesetzte Familien mit einem eigenen Kind
Die vierte zusammengesetzte Form einer Familie unterscheidet sich von der vorhergehenden dadurch, dass die beiden Eltern, die jeweils mit ihren Kindern zusammengezogen sind, auch ein *gemeinsames* Kind bzw. mehrere *gemeinsame* Kinder zeugen. Das gemeinsame Kind fungiert in so einem Fall nicht selten als Verbindungsglied zwischen den beiden Teilfamilien. Es leuchtet ein, dass dieses Kind mit einem fragwürdigen Auftrag belastet wird.

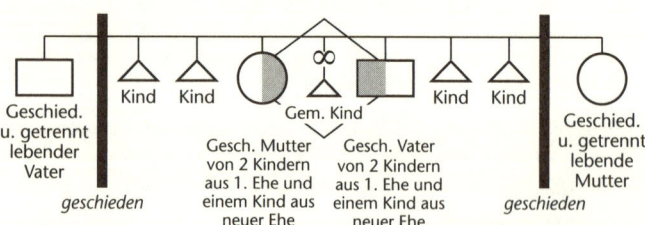

Stieffamilien und ihre besonderen Probleme

Jede normale Familie erlebt Krisen, wenn sich Veränderungen im Familiengefüge ergeben.

Welche Krisen können vorkommen?

- Tod der Großmutter oder des Großvaters, die eng mit der Familie zusammenleben.
- Tod eines Geschwisterteils.
- Tod eines Elternteils.
- Ein Kind besucht einige Jahre lang ein Internat.
- Die Krankheit eines Kindes, das plötzlich eine andere Rolle einnimmt

Alle Veränderungen, die das Zusammenleben beeinflussen, provozieren die Beteiligten dazu, sich neu zu arrangieren.

Fällt zum Beispiel ein Großelternteil aus, verliert ein Kind möglicherweise seine Hauptbezugsperson. Besonders in Familien, wo drei oder mehr Kinder leben, kann sich eins davon in besonderer Weise einem Großelternteil zuwenden. Fällt dieser Teil aber plötzlich aus, entsteht eine schmerzliche Lücke. Die Folge ist, dass sich das gesamte Beziehungssystem verändern muss. Das Gleiche geschieht, wenn ein Kind für mehrere Jahre auf ein Internat geht oder ein Kind durch Krankheit seine eingespielte Rolle nicht mehr wahrnehmen kann.

In zusammengesetzten Stieffamilien spielen sich noch häufiger Umbruchphasen ab, die von allen Beteiligten gemeistert werden müssen.

Mit anderen Worten,

- die Unruhe ist größer,
- die Verunsicherung stärker,
- die emotionale Belastung schwerwiegender.

Scheidungen werden von Kindern kritischer beurteilt als Todesfälle, weil oft Jahre voller Streitereien und Auseinandersetzungen der Eltern vorausgegangen sind. Die Schulleistungen der Kinder lassen nach. Enttäuschungen, aber auch die Wut auf die Eltern, die auseinander gehen, müssen verarbeitet werden.

Dann wählen Mütter und Väter häufig andere Partner. Die Kinder müssen sich an diese Stiefeltern gewöhnen, müssen Ärger und Bitterkeit schlucken und ihre Zerrissenheit überwinden. Viele haben die Abschieds- und Trauerphasen, einen Elternteil zu verlieren, noch gar nicht überwunden, da tauchen bereits neue Probleme auf. Sie sollen sich an Väter und Mütter als Stiefeltern gewöhnen, die ihre Väter oder Mütter ihnen vor die Nase setzen. Den Kindern wird unendlich viel zugemutet, und es wundert nicht, wenn viele vor den neuen Herausforderungen kapitulieren. Die seelischen Belastungen sind für die Kinder zu groß.

Sensible und empfindliche Kinder haben es doppelt schwer. Ihnen gelingt es meist nicht, die Schwierigkeiten mit lockerem Gemüt zu überwinden.

Bildung einer Stieffamilie

Wenn eine Stieffamilie gegründet wird, muss in der Regel das alte Rollenverständnis aufgegeben werden. Mütter und Väter, die in Teilfamilien leben, müssen lernen, dass von nun an völlig neue Konstellationen das Zusammenspiel aller Teilnehmer bestimmen.

Welche Themen und Probleme spielen eine Rolle?

- Nähe und Distanz können völlig unterschiedlich sein.
- Die Nähe der eigenen Kinder zu einem Elternteil ist in der Regel größer als zu neuen Mitgliedern.

- Die Partnerbeziehung darf durch neue Aufgaben nicht vernachlässigt werden.
- Die Toleranz gegenüber anderen Auffassungen, Meinungen und Lebensgewohnheiten muss neu eintrainiert werden.
- Schwierigkeiten können entstehen,
  - weil Kinder durch die neuen Konstellationen zu Leistungsverweigerern in der Schule werden;
  - weil Meinungsverschiedenheiten der Stiefeltern in Bezug auf Erziehungsfragen das Gesamtklima belasten;
  - weil Kinder den Stiefelternteil ablehnen;
  - weil aggressives oder depressives Verhalten bei Kindern auftreten kann.

Es lohnt sich, regelmäßig den *Familienrat* zusammenzurufen, um gemeinsam Richtlinien für das Zusammenleben zu erarbeiten. Je mehr alle Kinder in den Abstimmungsprozess mit einbezogen werden, desto leichter können Regeln und Verhaltensmuster für die Familie erstellt werden.

Familiengrenzen

Ein anderes Problem, das häufig in Stieffamilien auftritt, ist die Frage, wo die Grenzen der Familie verlaufen.

Eine Mutter, die jetzt mit dem Stiefvater zusammenlebt, zählt selbstverständlich die Kinder des Stiefvaters mit zur Familie. Kommen aber die Kinder ihres geschiedenen Mannes zu Besuch, werden sie als Gäste in ihrer Familie betrachtet. Der Ex-Mann dagegen ist ganz anderer Meinung. Auch seine Kinder zählen zur Familie, denn in seinen Augen ist die Familie wieder vollständig, wenn seine Kinder auch mit der Mutter vereint sind.

Eine weitere Schwierigkeit ergibt sich für beide Stiefeltern. Sie wollen gern den Platz des leiblichen Elternteils einnehmen, der durch Scheidung nicht mehr in der Familie lebt. Die Kinder können Protest anmelden, weil sie sich bevormundet sehen. Auch die abwesenden Väter und Mütter können Widerspruch anmelden, weil sie zu Recht betonen: »Wir sind zwar geschieden, aber wir bleiben auch als Geschiedene Eltern unserer Kinder!« Viele Stiefeltern spüren zu spät, dass sie sich in Rollen hineingegeben haben, die ihnen nicht zustehen. Rechtlich ist es so, dass Stiefeltern nicht erziehungsberechtigt sind. Die leiblichen Eltern behalten nach wie vor das Sorgerecht.

Nicht selten spielen sich Stiefväter und Stiefmütter als die besseren Elternteile auf und wollen beweisen, dass sie besser erziehen und sich erzieherisch konsequenter verhalten. Wenn sie dann noch vom Partner unterstützt werden, kann das bei Kindern zu heftiger Rebellion führen.

Chancen der Patchworkfamilien

Die Aufgaben der beiden Eltern sind vielfältig, die Chancen, ein harmonisches Familiengefüge zu schaffen, sind groß, wenn einige Voraussetzungen erfüllt sind.

1. Vater und Mutter lieben sich.
Diese Tatsache ist die beste Voraussetzung, eine neue Familienstruktur in Gang zu setzen. Beide müssen sich entscheiden, welche Rolle sie in der Fortsetzungs-Familie übernehmen wollen.

- Handeln sie als *Eltern?*
- Handeln sie als *Stiefeltern?*
- Handeln sie als *Nichteltern?*

Stiefeltern sitzen in der Klemme. Sollen sie wie die ursprünglichen Väter und Mütter handeln? Können sie diese Rolle komplikationslos übernehmen? Oder wehren sich die Kinder dagegen, die Stiefmutter oder den Stiefvater uneingeschränkt anzuerkennen? Stiefväter können die Rolle des Vaters nicht ohne Schwierigkeiten übernehmen. Den Stiefmüttern ergeht es ähnlich.

Die Erfahrung bestätigt es: Je mehr sich die Eltern lieben, je rückhaltloser sie füreinander einstehen und je liebevoller sie mit den Kindern ihre neue Rolle austaxieren, desto besser gelingt auch das familiäre Zusammenspiel.

2. Vater und Mutter bieten sich als Freunde an.

Beide bieten den Kindern ihre Freundschaft an. Sie machen damit dem abwesenden leiblichen Vater oder der abwesenden leiblichen Mutter nicht ihre Rolle streitig. Beide anwesenden Elternteile bleiben uneingeschränkt die Väter oder die Mütter.

Freundschaftliche Beziehungen haben aber auch ihre Tücken. Darf der Stiefvater als »Freund« der Kinder sie zwingen,

- den Tisch zu decken,
- den Müll rauszubringen,
- Schularbeiten vorzuzeigen
- und die Spülmaschine auszuräumen?

Je partnerschaftlicher beide Stiefeltern sich bemühen, das Vertrauen der Kinder zu gewinnen, desto besser gelingt es beiden Parteien, Zusammenstöße zu vermeiden.

Wenn es den Stiefeltern gelingt, das Vertrauen und den Respekt der Kinder zu gewinnen, kann ein weitgehend reibungsloses Miteinander gelingen.

3. Welche Rolle übernehmen Stiefmutter und Stiefvater?

Der Stiefvater ist der Mann im Haus, darf aber die Rolle des Vaters nicht voll übernehmen, während die Stiefmutter – und das sind die Erfahrungen – mehr oder weniger die Mutter *voll* ersetzen muss.

- Sie organisiert den Haushalt.
- Sie übernimmt die Sorge für die Kinder.
- Sie fühlt sich verantwortlich für Schule und Gesundheit.
- Sie ist der Hauptansprechpartner für emotionale Probleme.

Sie darf natürlich nicht zur Rivalin der leiblichen Mutter werden. Vor allem, wenn sie ihre Kompetenzen ausnutzt, kann es zu hässlichen Konflikten mit den Kindern kommen. Stiefmütter tun gut daran, als *Zweitmütter* zu fungieren. Sie verdrängen dann nicht die leibliche Mutter und nehmen doch alle Verantwortung einer wirklichen Mutter wahr.

Es liegt auf der Hand, dass die Rolle der Stiefmutter – in der Regel – schwieriger und konfliktanfälliger ist. Ausgeglichen wird die Problematik, wenn Mann und Frau sich nicht entmutigen lassen und beide sich in ihrer Rolle stärken und in der Liebe stark bleiben.

4. Eltern bleiben immer Eltern.

Auch wenn Frau und Mann geschieden sind, bleiben beide die *Eltern* ihrer Kinder. Wenn sie trotz Scheidung als Eltern kooperieren, erweisen sie ihren Kindern damit in der Regel den größten Dienst. Trennung und Scheidung bedeuten für Kinder nicht, einen Elternteil zu verlieren, sondern eine weitere Bezugsperson hinzuzugewinnen.

Immer wieder treffen sich die Eltern, die unter Umständen beide eine neue Familie gegründet haben, um Probleme ihrer gemeinsamen Kinder zu besprechen. Hin und wieder kommen Eltern und Kinder zusammen. Die Kinder sind davon die Nutznießer. In der Regel werden sie mit der Scheidung der leiblichen Eltern besser fertig, weil ein loser Kontakt zu beiden Eltern geblieben ist.

Nach meinen Erfahrungen sind besonders Eltern mit einem höheren Bildungsniveau eher geneigt, um der Kinder willen nach der Scheidung noch miteinander zu kooperieren. Das neue Scheidungsrecht, das 1998 in Kraft trat und das gemeinsame Sorgerecht für beide Eltern beinhaltet, ist dabei hilfreich. Es trägt dem gesunden Menschenverstand Rechnung, dass Kinder beide Eltern brauchen.

5. Das Zusammenwachsen braucht Zeit.

Viele Partner, die eine Patchworkfamilie gründen, leben von Illusionen. Sie reden sich ein, die Kinder würden sie sofort annehmen, weil sie ja nett, umgänglich und tolerant sind. Davon kann im Prinzip aber keine Rede sein. Die Liebe auf den ersten Blick zwischen Kind und Stiefeltern ist eine Utopie. In Wirklichkeit braucht jede Beziehung Zeit.

Kinder haben Verluste zu verkraften. Sie sind misstrauisch und warten ab. Gegenseitige Achtung und Freundschaft fallen nicht vom Himmel. Beide Parteien müssen viel dafür investieren. Scheidungs- und Stiefkinder brauchen eine lange Zeit, um ihr emotionales Gleichgewicht wieder zu finden. Fachleute gehen davon aus, dass eine durchschnittliche Patchworkfamilie etwa sieben Jahre benötigt, um zu einer stabilen Einheit zusammenzuwachsen. Und der Weg dahin ist mit vielen Fußangeln vermint.

Am Schluss möchte ich noch einmal auf den geistlichen Aspekt zurückkommen, mit dem ich dieses Kapitel auch begonnen habe. Die Stief- oder Patchworkfamilie hat meiner Meinung nach eine gute Zukunft, wenn der christliche Glaube in der Familie eine Chance bekommt, gelebt und praktiziert zu werden. Stiefeltern, die mit dem lebendigen Gott ins Reine gekommen sind, die in ihm einen Neuanfang wagen, bringen ein unschätzbares Kapital in ihre Ehe und Familie mit ein. Die Eheleute selbst haben einen Ansprechpartner, mit dem sie alle Schwierigkeiten und Probleme austauschen können. Sie fühlen sich gehalten und gestärkt und vermitteln in der Fortsetzungsfamilie Ruhe, innere Stärke und Geborgenheit. Und genau diese Dinge sind für das Zusammenleben einer Patchworkfamilie notwendig.

KAPITEL 11

Erziehen im Alleingang

Die allein erziehende Mutter gehört heute zum Alltagsbild in unserer Gesellschaft. Allerdings gehören allein Erziehende in der Bundesrepublik auch zu einer Bevölkerungsgruppe, die besonders stark von Armut betroffen ist.

»In einer Großstadt wie Hamburg leben fast ein Drittel aller allein Erziehenden und 21 % aller Kinder unter sieben Jahren von Sozialhilfe. Vor allem geschiedenen Frauen, die in der Ehe ihre Erwerbstätigkeit unterbrochen und reduziert haben, gelingt es nach der Trennung seltener als anderen Müttern, ein ausreichendes Einkommen zu erzielen.«[1]

Viele allein Erziehende erleiden einen sozialen Abstieg. Sie leben entweder vom Arbeitslosengeld oder von Sozialhilfe bzw. Hartz IV. Das heißt, sie verfügen über ein geringes Einkommen.

Unser Sozialsystem ist nicht besonders gut auf allein Erziehende eingerichtet!

Auch wenn einige Autoren der Familie keine Zukunft geben, hat die letzte Shellstudie festgestellt, dass Familie als Lebenskonzept bei Jugendlichen nach wie vor einen hohen Stellenwert genießt. Drei Viertel aller Jugendlichen können sich eine spätere Heirat vorstellen.

Wir können daraus folgern, dass der Verlust von familiärer Bindung zum Verlust von Geborgenheit und menschlicher Nähe führt.

Familie ist

- ein Ort der Ressource,
- ein emotionaler Rückhalt,

– ein Ort der Verlässlichkeit und Treue,
– ein Ort, wo Freud und Leid gemeinsam getragen werden.

Einelternfamilien – eine Studie

Eine Thüringer Studie über allein Erziehende erwähnt fünf Kategorien.

»Die *Zufriedenen:* Sie bilden mit 35 % die größte und chancenorientierte Gruppe. Sie verfügen über das höchste Bildungsniveau und Einkommen.

Die *Unzufriedenen:* Sie stellen mit 22 % den zweitgrößten Anteil, stammen der Erhebung nach eher aus ländlichen Regionen.

Die *Älteren:* Sie sind mit 21 % Anteil fast ebenso stark vertreten wie die Unzufriedenen. Das Hauptproblem der Älteren ist das schlechte Verhältnis zu ihren Kindern.

Allein Erziehende *mit Kleinkindern:* Sie bilden mit 13 % eine kleine Gruppe und klagen vor allem über Stress sowie Schwierigkeiten in der Vereinbarkeit von Beruf und Kleinkindbetreuung.

Allein Erziehende mit *Defiziten im sozialen Netzwerk:* Mit acht Prozent bilden sie eine Minderheit und leben vorwiegend mit mehreren Kindern zusammen.«[2]

Diese Untersuchung macht deutlich, dass die Einelternfamilien nicht grundsätzlich als Problemfamilien betrachtet werden können. Fakt ist aber, dass allein erziehende Frauen häufiger in finanzielle Nöte geraten als verheiratete. Das liegt daran, weil sie zunehmend von der Berufstätigkeit ausgeschlossen werden.

Die Höhe des Einkommens ist eindeutig ein Faktor, der sich auf die psychische und physische Gesundheit der Familienmitglieder auswirkt. Mütter, die sich in abhängiger und auswegloser Lage erleben, laufen doppelt so häufig Gefahr, psychisch zu erkranken.

Geschiedene, die allein erziehend sind, kommen häufiger vor als Geschiedene in Patchworkfamilien. Jedes vierte allein erzogene Kind hat nie mit seinem Vater zusammengelebt.

Allein Erziehende haben es oft mit unterschiedlichen Vätern zu tun:

- Väter, die nicht zahlen.
- Väter, die nicht zahlen und sich nicht um ihre Kinder kümmern.
- Väter, die verzweifelt den Kontakt zu ihren Kindern suchen.
- Väter, die ein schlechtes Gewissen haben und Kinder eventuell verwöhnen.
- Väter, die mal kommen, kurz bleiben und dann wieder für lange Zeit verschwinden.

Von daher wollen viele allein Erziehende auch allein bleiben. Lieber verzichten sie ganz auf Väter, die sich nicht voll verantwortlich fühlen.

Probleme der allein Erziehenden

1. Sie leiden unter Existenzangst.

Nur wenige allein Erziehende sind finanziell so abgesichert, dass sie relativ sorgenfrei ihr Leben in der Familie gestalten können. Den Frauen wird die Erwerbstätigkeit erschwert, weil Einrichtungen zur Kinderbetreuung fehlen. Wer auf Eltern und auf allein erziehende Freundinnen zurückgreifen kann, hat es da leichter. Aber vielen sitzt dennoch die Angst um die Existenz im Nacken. Auch das Verhältnis zu den Eltern ist oft gespannt. Wenn sie dem Stress in Wirtschaft und Gesellschaft nicht mehr gewachsen sind, wird die Existenzangst zum belastenden Begleiter.

2. Sie können sich keinen Freundeskreis aufbauen.
Die persönlichen Einschränkungen der allein Erziehenden sind gewaltig. Viele sind durch Trennung und Scheidung dermaßen belastet, dass sie keinen Antrieb haben. Durch die Scheidung ist häufig der alte Freundeskreis zerbrochen. Allein Erziehende finden aber keine Zeit, um sich einen festen neuen Freundeskreis aufzubauen. Ihr Bewegungsspielraum ist eingeschränkt. Viele können abends nicht weggehen, weil sie auf ihre Kinder aufpassen müssen und das Geld für eine private Kinderbetreuung fehlt.

3. Sie hoffen auf einen neuen Partner.
Die Enttäuschung über Ehe und Partnerschaft sitzt tief. Blauäugige Versprechungen haben ausgedient, Misstrauen und Skepsis sind groß. Aber die Sehnsüchte und Erwartungen, mit einem verständnisvollen Partner eine neue Familie gründen zu können, sind hoch. Aber ist der Partner wirklich der Retter?

Wenn die Mutter auf der Suche ist, lernen die Kinder auch unterschiedliche männliche Partner kennen, die zur Mutter zu Besuch kommen oder gar ein gemeinsames Leben anstreben. Das geht an ihnen nicht spurlos vorbei. Unruhe und Unsicherheit kennzeichnen die Kinder, die auch die widersprüchlichen Gefühle ihrer Mutter miterleben.

4. Das gemeinsame Sorgerecht.
Hilfreich ist es, wenn geschiedene Eltern das gemeinsame Sorgerecht wahrnehmen.

In einer umfangreichen Metaanalyse wurden 2660 Kinder in Amerika untersucht. Das Ergebnis:

■ Den Kindern geht es besser, wenn sich Eltern das Sorgerecht teilen.
■ Selbst wenn Kinder durchweg bei der Mutter wohnen, hilft es, wenn die Väter mitbestimmen.
■ Auch die wenigen Kinder, die beim Vater leben, gedeihen besser, wenn beide Eltern das Sorgerecht wahrnehmen.
■ Beide Geschlechter, Jungen und Mädchen, profitieren vom gemeinsamen Sorgerecht, weil beide auch eine männliche Bezugsperson benötigen.
■ Die Wissenschaftler bestätigen aber auch, dass das gemeinsame Sorgerecht nicht in jedem Fall die bessere Lösung ist.

5. Wenn ein Kind einem Elternteil ähnelt.

In der Beratungspraxis mit allein Erziehenden ist mir ein Phänomen begegnet, das sich negativ auf ein betroffenes Kind auswirken kann.

Ein Junge sieht seinem Vater sehr ähnlich. Er ist ihm beinahe wie aus dem Gesicht geschnitten. Seine Mutter hat mit ihrem Mann bis zur Scheidung bittere Erfahrungen gemacht. Er war brutal, hat sie oft geschlagen und ist immer wieder fremdgegangen. Er versprach anschließend seiner Partnerin das Blaue vom Himmel, wurde aber laufend rückfällig.

Die Mutter ärgert sich, dass sie ihren Jungen öfters am Tage anfährt und ausschimpft. Sie kann ihm keine richtige Liebe entgegenbringen. Sie hasst ihren Mann in dem Sohn. Der lacht und spricht wie der Vater, schneidet Grimassen wie er und erinnert die Mutter in seinem ganzen Wesen ununterbrochen an den Geschiedenen.

6. Wenn ein Elternteil wegzieht.
Die Familie ist am Ende, die Eltern trennen sich schließlich. Und die Kinder werden von nun an bei Vater und Mutter leben.

Amerikanische Wissenschaftler haben herausgefunden, dass es Kindern, die sehr weit entfernt von einem Elternteil leben, langfristig schlechter geht als Kindern, die die Möglichkeit haben, nach der Scheidung häufig *beide* Eltern treffen zu können. Welche Folgen werden registriert?

- Sie waren häufiger unzufrieden mit ihrem Gesundheitszustand.
- Sie waren generell in ihrem Leben unglücklicher.
- Sie fühlten sich weniger von ihren Eltern unterstützt.
- Sie hatten mehr als andere Scheidungskinder unter der Scheidung gelitten.

Kinder lieben in der Regel beide Eltern und können sich nur selten damit abfinden, dass ein Elternteil nun mehr oder weniger aus ihrem Leben und ihrem Gesichtsfeld verschwindet.

7. Die Umstrukturierung der Familie.
In allein Erziehenden vollzieht sich nach dem Auszug des Partners ein Rollenwechsel. Die Kinder und die Mutter rücken näher zusammen. Oft übernimmt der Sohn ein Stück weit die Rolle des Vaters. Er sitzt auf dem Beifahrersitz, am Tisch übernimmt er Vaters Platz. Wenn die Mutter sich dann in einen neuen Partner verliebt, der im Hause auch seinen Platz als Vater beanspruchen will, kann es zu großen Auseinandersetzungen kommen. Der Sohn will seine einmal errungenen Sonderrechte ungern wieder abgeben.

Die Tochter wird hingegen oft die engste Vertraute der Mutter.

Keine Frage: Kinder, die in die Rolle des Ersatzpartners schlüpfen, erleben eine Sonderstellung. Sie sind seelisch und altersmäßig überfordert und werden zu früh zu kleinen Erwachsenen.

8. Eine Kirchengemeinde bietet Unterstützung an.

Viele Mütter wollen ihrem Kind nach einer Scheidung auch den Vater ersetzen. Das geht nicht. Trotzdem brauchen Kinder natürlich einen Vaterersatz.

Ich habe gute Erfahrungen mit Kirchengemeinden gemacht. Dort können allein erziehende Frauen männliche Mitarbeiter finden, die betroffenen Jungen und Mädchen wenigstens teilweise den Vater ersetzen. Hier spüren und lernen sie neu, was Mannsein und Vatersein beinhalten.

Nicht selten wird Kindern von allein erziehenden Müttern – bewusst oder unbewusst – ein negatives Bild von Männern bzw. Vätern vermittelt. Vor allem dann, wenn Mütter auf keinen Fall wieder heiraten wollen, wenn sie tiefe Enttäuschungen mit dem anderen Geschlecht verinnerlicht haben.

Zudem kann der christliche Glaube einen Halt im Leben vermitteln, kann eine Basis dafür bilden, Kindergarten, Schule und Ausbildung zu bewältigen und allen Anforderungen des Alltags gewachsen zu sein.

Allein Erziehende mit Kindern haben mir in der Beratungspraxis erzählt, dass es ihnen der Glaube in der Regel leichter macht, die anfallenden Probleme gemeinsam zu lösen. Sie bestätigen, dass die Not alle zusammenschweißt und das gemeinsame Gebet das Leben erträglicher macht.

KAPITEL 12

Die Familienatmosphäre

In diesem Kapitel möchte ich ein wenig vom Thema »Geschwisterkonstellation« abschweifen. Wir wollen uns hier mit der »Familienatmosphäre« beschäftigen, denn die Familienatmosphäre spielt im Sozialisationsprozess eine große Rolle.

Das Familienklima beschreibt

- eine seelische Wetterlage im Zusammenleben,
- eine Atmosphäre der Geborgenheit oder der Ungeborgenheit,
- ein Klima von Launen und Gefühlsausbrüchen,
- eine Stimmung von Spannung und Krisen,
- eine Stimmung, die Ruhe, Frieden, Annahme und Anerkennung ausdrückt.

Das familiäre Klima kann

- schön und bedrückend,
- wolkig und klar,
- freundlich und unfreundlich,
- stürmisch und wohlwollend sein.

Die verschiedenen Klimate sind der Nährboden für zufrieden stellende oder aber gestörte Wachstumsbedingungen in der Familie. Ein Klima der Angst und der Bedrohung oder eine ständige Atmosphäre der Unterdrückung können die seelische und körperliche Entwicklung des Kindes stören und negativ beeinflussen.

Familienklima und Familienatmosphäre sind daher für die Entwicklung der Kinder und Heranwachsenden so bedeutsam, weil die meisten Vorgänge *unbewusst und unterschwellig* ablaufen.

Nur etwa drei Zehntel aller Abläufe werden uns bewusst. So kann ein seelisches Klima das geistige und körperliche Wachstum fördern, oder es kann dieses Wachstum in jeder Beziehung hemmen und bremsen. Das seelische Klima verrät, ob über alles geredet werden kann – über Enttäuschungen, Ängste, Verletzungen, Freud und Leid – oder ob die Gefühle unter den Familienteppich gekehrt werden. Das Familienklima verrät, ob Friede, Mut, Lebendigkeit, Offenheit, Ehrlichkeit und Echtheit praktiziert werden, die später gute Voraussetzungen für Bindungs- und Liebesfähigkeit bilden, oder ob die genannten Verhaltensweisen unterdrückt werden.

Schauen wir uns einmal verschiedene Familienklimate genauer an.

Ich möchte zunächst einige negative Familienatmosphären beschreiben, die eine konstruktive Liebes- und Partnerschaftsfähigkeit verhindern. Aus der Fülle der Möglichkeiten werden einige herausgestellt, die vermutlich so oder auch in Mischformen auftreten können. Die Beschreibungen spiegeln vorherrschende Stimmungen wider.

Die frostige Atmosphäre

Wir sprechen von einem unterkühlten Familienklima. Die Eltern wirken und verhalten sich kühl, distanziert und introvertiert. Sie spiegeln eine sehr sachliche und nüchterne Atmosphäre wider. Wahrscheinlich sind sie ehrgeizig und leistungsbezogen. Die Familie strahlt wenig Wärme und Liebe aus. Gefühle werden kleingeschrieben. Eltern und Kinder verkehren sachlich miteinander. Kümmernisse, Ärger, Trauer, Freude und Liebesprobleme werden ausgeblendet, weil die Eltern kein Ohr für solche Regungen haben. Sie selbst haben es nicht gelernt und können es daher ihren Kindern auch nicht weitergeben.

Was kann die Folge einer solchen Atmosphäre sein?

- Die Kinder werden nach Leistung und Tüchtigkeit bewertet. Materielle Dinge, Noten und sichtbare Erfolge haben einen hohen Stellenwert.
- Kinder erleben, dass sie anerkannt werden, wenn sie etwas vorzuzeigen haben.
- Die Kinder bekommen in der Hauptsache Zuwendung und Anerkennung in Form von Geldscheinen, materiellen Geschenken und Vergünstigungen. Sie müssen sich ihren Wert durch Fleiß verdienen.
- Die Kinder spiegeln auch im späteren Leben diesen Lebensstil wider. Ihre Liebes- und Partnerschaftsfähigkeit muss unter dem Gesichtspunkt gesehen werden. Der Partner muss sich Liebe und Anerkennung verdienen, muss sich Liebe und Bestätigung erarbeiten. Liebe wird verrechnet. Anerkennung wird durch Belohnung ausgesprochen. Auf allen Gebieten – bis in die sexuelle Beziehung hinein – geht es sachlich und leistungsbezogen zu.

Solche Lebenspartner spiegeln die kühle, sachliche und leistungsbezogene Atmosphäre ihrer Ursprungsfamilie wider. Der nützliche Ehegefährte wird Wärme, Zärtlichkeit und Gefühlsaustausch in der Partnerschaft vermissen. Gerade dies aber wird bei ihm gesucht – unter Umständen mehr, als er geben kann.

Die übermäßig beschützende Atmosphäre

Das Kind wird daran gehindert, eigene Lernerfahrungen zu machen. Es trainiert nicht, schwierige Situationen zu meistern. Die Eltern trauen dem Kind nichts zu, übernehmen selbst die Verantwortung, treffen Entscheidungen und entmündigen ihre Sprösslinge. Sie lernen es nicht, sich selbstständig und selbst vertrauend an die Probleme des Lebens zu wagen. Mutlos und resigniert kapitulieren viele vor den Herausforderungen des Alltags.

Was kann die Folge einer solchen Atmosphäre sein?

- Der spätere Erwachsene hat sich zum »Nehmer« entwickelt. Er will betreut, gelenkt und an die Hand genommen werden.
- Der spätere Erwachsene verhält sich wie ein »Baby«. Viele Ehepartner berichten dann in der Beratungspraxis, dass sie neben ihren zwei Kindern ein drittes »Kind« zu betreuen hätten. Der Partner fühlt sich klein, schwach und hilflos.
- Der spätere Erwachsene wird ein abhängiger Typ. Er klammert, trifft keine Entscheidungen und lehnt sich stark an den Lebenspartner an. Er bevorzugt den starken Gefährten, dem er sich rückhaltlos anvertrauen kann. Eine mögliche Partnerschaft ist infrage gestellt, der Anlehnungsbedürftige wird die Initiative und alle Aktivitäten dem Partner überlassen.

Die sterile Atmosphäre

Das Wort sagt es schon: Das gesamte Familienklima wirkt *steril*. Alles ist hygienisch einwandfrei. Das Haus und sein Innenleben erscheinen entschmutzt, alles ist auf Vordermann gebracht. Zimmer, Gegenstände und Böden sind staubfrei, nirgendwo gibt es eine optische Unsauberkeit. Das Familienleben, aber auch das Haus und sein Inventar können jederzeit vorgeführt werden. Der Generalnenner dieser Gemeinschaft lautet: »Wir sind eine saubere Familie!«

Die Umgangsformen wirken gestelzt und aufgesetzt. Alles hat etwas Schematisches, es wirkt andressiert und nach Vorschrift. Es fehlt das Lockere und Legere. Die Gesichter der Familienmitglieder wirken maskenhaft, gekünstelt und freundlich. Es gibt keine Anstößigkeiten, keine Auffälligkeiten, kein Aus-der-Rolle-Fallen. Die Fassade ist glatt und sauber. Es fehlt das Spontane, Unvorhergesehene und Echte. Die Formen werden hoch geschätzt und geachtet. Bestimmte Konventionen und Regeln sind für alle Mitglieder verbindlich. Das Lachen ist gebremst, das Leben wirkt kastriert. Die ganze Familie wird durch Regeln, Vorschriften und Rituale zusammengehalten. Der Ablauf des Tages, des Essens, der Veranstaltungen – alles hat Struktur und ist in ein Korsett gezwängt.

Was kann die Folge einer solchen Atmosphäre sein?

- Die Kinder übernehmen das Rituelle und Gestelzte – sie haben ja schließlich nichts anderes gelernt – und tragen die Gepflogenheiten in neue Partnerschaften hinein.
- Die späteren Ehepartner kultivieren Höflichkeit, spiegeln eine freundliche Fassade wider, können aber weder spontan noch echt sein.
- Die späteren Ehepartner lassen ein wirkliches, herzliches Leben vermissen, sie wirken gebremst, steril und sauber.
- Der Jugendliche bricht aus und zerlumpt. Er hat nicht gelernt, Herz und Verstand, Form und Inhalt harmonisch miteinander zu verbinden.

Die Atmosphäre, die Selbstverachtung produziert

Es gibt Familien, in denen es die Erwachsenen meisterhaft verstehen, die Kinder zu *verunsichern*. Es gelingt ihnen, den Kindern

- ein Gefühl der Unzulänglichkeit,
- ein Gefühl der Kleinheit,
- ein Gefühl der Wertlosigkeit,
- ein Gefühl der Erfolglosigkeit

zu vermitteln.

Was die Kinder auch anfassen, es ist falsch, dumm und ungeschickt. Sie werden entmutigt, abqualifiziert und in ihrem Selbstwert beschnitten.

- »Da liegen schon wieder die Kleider herum. Du lernst es nie, ordentlich zu werden!«
- »Deine Handschrift ist eine Zumutung! Auf diese Weise wirst du es nie zu etwas bringen!«
- »Das ist eine faustdicke Lüge. Mach nur so weiter, dann landest du garantiert eines Tages im Kittchen!«

Das innere Wachstum des Kindes wird gebremst, weil die Eltern nicht an sein Weiterkommen glauben. Sie wollen es durch Kritik und negative Anfeuerungen nach vorn bringen, erreichen dabei aber das Gegenteil. Eine Atmosphäre der Belastung und Bedrückung liegt über der Familie. Die Kinder reagieren mit Schuldgefühlen, weil sie meinen, es den Eltern niemals recht machen zu können. Sie schlagen sich mit dem Problem herum, unmöglich zu sein.

Was kann die Folge einer solchen Atmosphäre sein?

- Als Erwachsene verkriechen sich so groß gewordene Kinder ständig ins Mauseloch, weil sie befürchten, dass ihre Unzulänglichkeit ans Licht kommt.

- Sie trauen sich nichts zu, ihr Selbstwert und ihr Selbstvertrauen sind winzig. Ihre Unterlegenheitsgefühle wirken beängstigend.

- Sie glauben, dass ihr Ehepartner einen besseren und tüchtigeren Ehegefährten verdient hätte. Es gelingt ihnen, ihr Licht ständig unter den Scheffel zu stellen. Sie hassen sich und kommen sich verachtet und überflüssig vor. Die mangelnde Selbstachtung verhindert eine *gleichwertige* Partnerschaft. Der dazugehörige Partner braucht eine ganze Waggonladung von Optimismus und Lebensmut, um den Lebensgefährten mitzureißen.

Die theaterhafte Atmosphäre

Horst Eberhard Richter beschreibt in seinem Buch »Patient Familie« eine Atmosphäre, die er als das »Theaterhafte des Familienlebens« charakterisiert. Da gibt es eine hysterische Zentralfigur, die die Familie nach ihren Bedürfnissen organisiert. Die übrigen Mitglieder der Familie müssen nicht hysterisch strukturiert sein, sie spielen das Arrangement aber mit.

Richter schildert das Familienleben so: »Die Formen der Familienhysterie sind relativ breit und vielseitig. Aber ein Merkmal sticht in jedem Fall hervor: das *Theaterhafte des Familienlebens*. Teils spielen die Mitspieler der Familie voreinander Theater, teils formiert sich die gesamte Familie zu einem Ensemble, das der Umgebung ein Stück vorspielt. Es geht immer um Darstellung und Effekt.«[2]

Das hervorstechende Merkmal der theaterhaften Familienatmosphäre ist Unechtheit. Die Mitglieder sind *Spieler*. Die meisten können sich glänzend verkaufen. Sie ziehen eine Show ab und verstehen es meisterhaft, sich zu *produzieren*. Ihr Auftritt ist auf Wirkung abgestellt.

Alle haben das Bedürfnis, mehr zu scheinen als zu sein. Sie haben den dringenden Wunsch anzukommen.

Was kann die Folge einer solchen Familienatmosphäre sein?

- Die »angesehenen« Männer und Frauen werden so erzogen, dass sie besonders auf Äußerlichkeiten achten. Sie sind auf Wirkung fixiert.
- Der Playboy, der Charmeur, der reizende große Junge und die Modepuppe spielen hier ihre Rollen. Sie wollen glänzen und ankommen, sind aber in der Liebe unecht. Sie sind in der Gesellschaft anders als in Ehe und Familie. Draußen sind sie witzig, charmant und liebenswürdig, drinnen aber trocken, farblos und leer.
- Sie verstehen es, sich zu produzieren und ins rechte Licht zu setzen, finden schnell Liebespartner, aber halten nicht, was sie ausstrahlen. Salopp formuliert: Sie haben mehr im Schaufenster als im Laden.
- Ihre Partnerschaft kann auf eine harte Probe gestellt werden. Der dazugehörige Ehepartner ist in der Regel nicht bereit, das applaudierende Publikum zu spielen.

Die hoffnungslose Atmosphäre

Die Familie ist gekennzeichnet durch Entmutigung und Pessimismus. Die Stimmung ist bedrückt und belastend. Das Leben verläuft freudlos und wird als Last und Strafe empfunden. Die Eltern vegetieren vor sich hin und geben diese hoffnungslose Stimmung an ihre Kinder weiter.

Entmutigung ist aber sehr ansteckend, und jemand, der das Leben pessimistisch betrachtet, findet genügend Rechtfertigungsgründe für seinen Pessimismus. Solche Eltern können ihren Kindern keinen Mut machen, können ihre Aktivitäten nicht positiv verstärken. Ihnen gelingt es nicht, an ihre Kinder zu glauben. Befürchtungen und Schwarzsehen begleiten den Lebensweg der Kinder.

Was kann die Folge einer solchen Familienatmosphäre sein?

- Die Kinder sind selbst von ihrer Wertlosigkeit so überzeugt, dass sie als Erwachsene resigniert und hoffnungslos durchs Leben gehen.

- Die zukünftigen Erwachsenen sind so fehlerorientiert, dass sie Misserfolge erwarten und sich nicht trauen, Lebensaufgaben zuversichtlich und hoffnungsfroh in Angriff zu nehmen.

- Die zukünftigen Ehepartner bringen diese belastende und resignierende Grundeinstellung als Hypothek mit in ihre Ehe ein. Zweifel, Misstrauen und Befürchtungen sind aber eine schlechte Basis für eine lebenslange Partnerschaft.

- Sie sehen die Ehe als nichts Erstrebenswertes an, denn sie ist ja für sie in erster Linie Arbeit, Last und Pflicht.

- Als Ehepartner versinken sie bei kleinsten Schwierigkeiten in tiefste Resignation. Sie fühlen sich bestätigt, wussten ja, dass es so kommen würde. Sie erfüllen manche von ihren eigenen Befürchtungen.

- Sie glauben vermutlich, dass die Liebe in der Ehe aufhört. Das viel gepriesene Glück ist für sie nur ein Traum und ein flüchtiger Stoff.

■ Sie können in der Partnerwahl auf der Suche nach einem *Ideal* sein. Der geliebte Mensch soll Wünsche befriedigen, die bisher kein Mensch gestillt hat.

Vier Aspekte eines positiven Familienklimas

Bis jetzt haben wir über das negative Familienklima nachgedacht. Es vermittelt Einsichten, warum in vielen Partnerschaften die Liebesfähigkeit unterentwickelt und die Bindungsfähigkeit eingeschränkt ist. Wie lauten nun dagegen die Kriterien für ein positives Familienklima?

Aspekt 1:
Jeder kann ein solides Selbstwertgefühl entwickeln.
Ein gutes Selbstwertgefühl ist das Barometer für einen gesunden Menschen. Es ist auch das Barometer für eine ausreichende Liebesfähigkeit. Ein Mensch mit einem guten Selbstwertgefühl traut es sich, seinen Kräften und seiner Entscheidungsfähigkeit zu, den Anforderungen des Lebens zu genügen. Denn:

- er schätzt sich selbst,
- er mag sich leiden,
- er kann sich akzeptieren,
- er findet sich liebenswert,
- er ist mit sich zufrieden,
- er lebt mit sich in Harmonie.

Diese Selbstbejahung hat nichts mit Stolz und Hochmut zu tun. Und es ist noch eine geistliche Dimension dabei. Für den gläubigen Menschen gilt:

- Christus bejaht uns, darum dürfen auch wir uns bejahen.
- Christus liebt uns, darum dürfen wir uns selbst auch lieben.
- Christus sagt uns, dass wir zur Gottesfamilie gehören, darum dürfen wir selbstbewusst und voller Selbstvertrauen zu ihm aufblicken.

Menschen mit Selbstwertgefühl strahlen Vertrauen und Hoffnung aus. Sie sind optimistisch und greifen alle Lebensaufgaben mutig und entschlossen an. Enttäuschungen werden nicht ignoriert, aber auch nicht überbewertet. Fehler werden als menschlich eingestuft. Probleme werden gesehen und ohne Lamento gemeistert.

Eine gesunde Selbstachtung und ein ausreichendes Selbstwertgefühl sind geradezu die Basis zur Liebes- und Bindungsfähigkeit.

Und in welcher Atmosphäre gedeihen solche Selbstwertgefühle? Dort,

- wo Fehler toleriert werden,
- wo offen und ehrlich miteinander gesprochen wird,
- wo Eltern an das Kind glauben,
- wo Eltern und Erzieher ihre Fehler, Schwächen und Sünden bekennen können,
- wo Vergebung geglaubt und praktiziert wird,
- wo Kinder sich geborgen und aufgehoben wissen.

Aspekt 2:
Jeder praktiziert ein gutes Gemeinschaftsgefühl.
Der zweite Faktor, der eine positive Liebes- und Bindungsfähigkeit garantiert, ist ein ausgeprägtes Gemeinschaftsgefühl.

Eine gute Beziehungsfähigkeit ist ein Gradmesser für ein gesundes Verhalten und für weniger seelische Störungen.

Was beinhaltet Gemeinschaftsfähigkeit?

- Die Fähigkeit, mit anderen Menschen angstfrei zu kooperieren.
- Die Fähigkeit, Verantwortung im ehelichen, privaten und beruflichen Bereich wahrzunehmen.
- Die Fähigkeit mitzuempfinden, mitzuschwingen.
- Die Fähigkeit, sich der in der Partnerschaft und Freundschaft gleichwertig zu fühlen.
- Die Fähigkeit, Geben und Nehmen, Schenken und Beschenktwerden, Gelten und Geltenlassen relativ ausgewogen zu gestalten.
- Die Fähigkeit, mit den Ohren des anderen zu hören, mit den Augen des anderen zu sehen und mit dem Herzen des anderen zu fühlen (was leichter formuliert als gelebt wird).

Wer solches Gemeinschaftsgefühl besitzt – die Bibel nennt es schlicht und ergreifend Nächstenliebe –, der ist partnerschaftsfähig, der ist liebes- und beziehungsfähig. Ich beurteile den anderen nicht aus meiner subjektiven Warte und kritisiere seine Verhaltensweise nicht auf dem Hintergrund meines Lebensverständnisses. Ich bin so nahe am andern, dass ich seine Empfindungen, Werte und Bedürfnisse auch ernst nehme. Solche Haltung – verbunden mit einem gesunden Selbstwertgefühl – findet bei allen Schwierigkeiten Lösungen, die beide Partner befriedigen.

Die geistliche Einstellung dazu beschreibt Paulus mit einem klassischen Appell:

»Nehmt einander an, wie Christus euch angenommen hat, zur Ehre Gottes.« (Römer 15, 7)

Selbstannahme und Annahme des anderen gehören zusammen. Ich bin von Christus angenommen, wie ich bin. Ich sage ja zu mir

– ohne übertriebene Eitelkeit,
– ohne Minderwertigkeitsgefühle,
– ohne Stolz und Hochmut.

Und weil ich mich selbst annehme, kann ich auch den anderen annehmen.

Wie aber können Eltern dieses gute Gemeinschaftsgefühl wecken?

■ Sie achten sich selbst und jedes Familienmitglied.
■ Sie fordern keine Verantwortung, sondern tragen sie selbst und muten sie ihren Kindern zu.
■ Sie praktizieren eine lebendige Gemeinschaft, in der jeder seinen Beitrag leistet.
■ Sie ermutigen ihre Kinder und stärken ihr Selbstvertrauen, weil sie selbst ermutigt sind.
■ Sie demonstrieren ein Klima der Gleichwertigkeit.

Aspekt 3:
Alle halten sich an Regeln.
Ohne Spielregeln funktioniert kein Zusammenleben. Sie sind die Straßenverkehrsordnung für alle zwischenmenschlichen Begegnungen. Ein freundliches und warmherziges Familienklima ist durch ein konstruktives Regelsystem geordnet. Die Eltern sind weder autoritär und patriarchalisch noch inkonsequent und lässig.

Die Spielregeln werden nicht übergestülpt und verordnet. Sie werden im Familienrat gemeinsam besprochen und von allen als verbindlich akzeptiert. Erfahrungsgemäß funktioniert ein Zusammenleben am besten, wenn wenige Regeln existieren, die aber konsequent eingehalten werden.

Für den gläubigen Christen haben nun noch die Zehn Gebote letzte Gültigkeit. Aber die haben es in sich! Überall dort, wo die Zehn Gebote um viele Gesetze und Vorschriften erweitert wurden, gab es häufig Konflikte, krasse Auseinandersetzungen und sogar Spaltungen. Weniger wäre mehr.

»Lebt nun auch als Menschen, die im Licht stehen! Aus dem Licht erwächst als Frucht jede Art von Güte, Rechtschaffenheit und Treue. Fragt immer, was dem Herrn gefällt!« (Epheser 5, 9–10)

Eltern und Erzieher, die das praktizieren, sind Vorbilder für die ganze Familie.

- Ihr Leben wirkt ansteckend.
- Ihre Eindeutigkeit überzeugt.
- Ihr Hören auf Jesus hinterlässt Spuren.

Aspekt 4:
Jeder pflegt einen lebendigen Kontakt nach draußen.
Die Familie ist keine Burg, die ihre Zugbrücken ständig hochhält und den Kontakt nach draußen vermeidet oder fürchtet. Ein lebendiger Außenkontakt verrät

- eine gute Selbstachtung,
- ein solides Beziehungsgefühl,
- eine gelebte Nächstenliebe.

Der Rückzug in die Familie signalisiert

- Lebensangst,
- Hemmungen,
- Kontaktschwäche
- und mangelnden Selbstwert.

Eine Familie, die hoffnungslos auf sich selbst konzentriert ist, kann Liebes- und Partnerschaftsfähigkeit nicht zur Entfaltung bringen.

Die *psychotische Familie* ist ein Beispiel dafür, wie unausgewogen die Kontakte nach drinnen und draußen verlaufen. Nicht umsonst vergleicht der bereits erwähnte Psychoanalytiker Richter sie mit einer »Festung«, die erfolgreich alle Annäherungen sabotiert.

- Draußen sind die Feinde.
- Draußen beginnt der Unfriede.
- Draußen leben die Bösen und die Schlechten.

Man muss sich gegen den Rest der Welt schützen und zur Wehr setzen. Also werden die Kinder geklammert und somit abhängig und unselbstständig.

In einer gesunden Familie sind die Kinder unabhängig. Sie werden früh abgenabelt und fühlen sich eigenverantwortlich. Sie pflegen Kameradschaft, sie praktizieren Freundschaft und können mit anderen Kindern und auch Erwachsenen Kontakte leben.

Leitmelodien der Familie

In vielen Familien werden so genannte *Leitmelodien* hervorgebracht. Sie können schon von Eltern und Großeltern übernommen worden sein. Nur wenige Familien sind in der Lage, solche Leitmelodien klar zu formulieren. Sie existieren zwar, man lebt sie, aber sie sind dem einzelnen Familienmitglied nicht bewusst. Auf alle Fälle geben sie der Familie ein bestimmtes Gepräge. Einzelne Mitglieder können längst das Haus verlassen haben, die Leitmelodie nehmen sie mit. Sie haftet ihnen an wie ein Etikett. Solche Leit-

melodien geben auch den Liebes- und Partnerschaftsfähig-
keiten ihr bestimmtes Gepräge.

Wie können solche Leitmelodien lauten?

*»Wir können uns streiten, aber nach draußen wird immer
der Name unserer Familie hochgehalten.«*
Der Name der Familie ist so eine Leitmelodie. Wer die Familie angreift, erlebt sein blaues Wunder. Die Familienehre
ist wie ein Fetisch, dem Opfer gebracht werden.

»Wir sind eine ehrliche Familie.«
Wir können arm und mittellos sein, doch niemals gibt es
krumme Geschäfte, niemals lassen wir uns zum Unrecht
verleiten, niemals lassen wir uns kaufen oder benutzen,
und niemals lassen wir uns vom graden Weg abbringen.

»Wir sind eine Soldatenfamilie.«
Immer hat es seit vielen Generationen Soldaten, Offiziere
und tapfere und gehorsame Untertanen gegeben. Gehorsam und Pflichterfüllung sind unser Markenzeichen.

»Wir sind seit Generationen Sozialdemokraten.«
Wir fühlen uns in erster Linie mit dem Arbeiter solidarisch.
Wir lassen uns von Kapitalisten und Ausbeutern nicht an
der Nase herumführen.

*»In unserer Familie wird die ehrenamtliche Tätigkeit groß
geschrieben.«*
In Vergangenheit und Gegenwart waren wir für Hilfsbereit-
schaft und Opferbereitschaft bekannt. Soziales Engage-
ment ist mit unserem Namen verbunden. Viele Familienmitglieder haben hohe Ehrenämter bekleidet oder beklei-
den sie noch. Es ist selbstverständlich, dass ein Ehepartner

eine bestimmte Zeit für Aufgaben an der Gemeinschaft zur Verfügung stellt.

Wie ein Musikstück häufig eine Leitmelodie kennzeichnet, so kennzeichnen Leitmelodien das Familienleben.

Wirkungen der Familienatmosphäre – ein Selbsterforschungsfragebogen

Welche Familienatmosphäre herrschte bei Ihnen zu Hause?	stimmt nicht	stimmt etwas	stimmt voll
Die ablehnende			
Die autoritäre			
Die hoffnungslose			
Die disharmonische			
Die konkurrierende			
Die herabsetzende			
Die leidensvolle			
Die anspruchsvolle			
Die materialistische			
Die idealistische			
Die warmherzige			
Die überfürsorgliche			
Die mitleidsvolle			
Die inkonsequente			
Eine Atmosphäre der Geborgenheit			
Die wertschätzende			
Die ermutigende			
Die Glauben stärkende			
Die überbeschützende			
Die gefühlsablehnende			

Hilfen für die Auswertung

1. Füllen Sie bitte den Bogen aus, und streichen Sie die Familienatmosphären an, die Sie zu Hause erlebt haben. Es können unterschiedliche Atmosphären sein.
2. Keine der hier angesprochenen Atmosphären charakterisiert natürlich Ihren Familienhintergrund genau. Welche Atmosphären aber kommen Ihrer Erfahrung am nächsten?
3. Wenn Sie mehrere Atmosphären angekreuzt haben, gewichten Sie Ihre Aussagen. Welche Atmosphäre steht an erster, welcher an zweiter und welche an dritter Stelle?
4. Welche Erfahrungen haben Sie in Ihrer Familienatmosphäre gemacht? Welche Schlüsse haben Sie für Ihren Lebensstil daraus gezogen?
5. Machen Sie Ihren Eltern oder Großeltern bzw. anderen Erziehungspersonen bis heute Vorwürfe?
6. Wie gehen Sie heute in Ihrem Leben mit den Erfahrungen um, die Sie in Ihrer Ursprungsfamilie gemacht haben?
7. Gibt es Lebensstilkorrekturen, die Sie für notwendig halten? Welche davon wurden durch Ihren Familienhintergrund ausgelöst?
   Wie sehen die aus?
   Woran wollen Sie arbeiten?
   Was wollen Sie mit ins Gebet nehmen?

KAPITEL 13

Die Familie als Leib

Der Apostel Paulus hat ein ausgezeichnetes Bild dafür ge-
funden, das Zusammenleben in der Gemeinde zu beschreiben. Dieses Bild kann auch sehr gut auf die Familie bezogen
werden, da hier ja ganz ähnliche Strukturen vorkommen.
Paulus spricht vom »menschlichen Leib«. Das Zusammenleben und Zusammenwirken, wie es auf wunderbare Weise
im Leib geschieht, soll sich in der Verbindung mit Christus
auch in der Gemeinde – und damit auch in der Familie –
abspielen.

Wenn es gut funktioniert,

- ist es ein Charisma,
- ist es eine Gnadengabe,
- ist es ein Geschenk und keine menschliche Tugend.

*»Man kann die Gemeinde Christi mit einem Leib vergleichen,
der viele Glieder hat. Obwohl er aus so vielen Teilen besteht, ist
der Leib doch einer. Denn wir alle, Juden und Nichtjuden, Skla-
ven und Freie, sind in der Taufe durch denselben Geist in den einen Leib Christi eingegliedert worden, und wir haben auch alle
an demselben Geist Anteil bekommen.*

*Ein Körper besteht nicht aus einem einzigen Teil, sondern
aus vielen Teilen. Wenn der Fuß erklärt: ›Ich gehöre nicht zum
Leib, weil ich nicht Hand bin‹ – hört er damit auf, ein Teil des
Körpers zu sein? Oder wenn das Ohr erklärt: ›Ich gehöre nicht
zum Leib, weil ich nicht Auge bin‹ – hört es damit auf, ein Teil
des Körpers zu sein? (…)*

Wenn irgendein Teil des Körpers leidet, dann leiden alle anderen mit ihm. Und wenn irgendein Teil geehrt wird, freuen sich alle anderen mit.

Ihr alle seid zusammen der Leib Christi; jeder einzelne von euch ist ein Teil davon. Jedem hat Gott seinen bestimmten Platz zugewiesen.« (1. Korinther 12, 1–16, 26–28)

Auch die Familie ist der Leib Christi.

Auch die Familie spiegelt das gleiche Zusammenspiel wider.

Auch die Familie ist eine »Hausgemeinde«.

Was kennzeichnet eine gut funktionierende Familie?

Sie soll ein Musterbeispiel sein

- für ein reibungsloses Zusammenspiel der Organe,
- für ein konkurrenzloses Miteinander,
- für ein Zusammenspiel ohne Machtkämpfe,
- für eine Harmonie ohne Eifersucht.

Der Leib kennt keine Eifersucht, kennt keinen Wettbewerb, kennt keine Rechthaberei, kennt keine Machtkämpfe. Das Zusammenspiel der Glieder gleicht einem komplizierten Uhrwerk, es ist ein Wunderwerk der Schöpfung Gottes.

In Gemeinde und auch in der Familie herrschen oft

- Herrschsucht und Recht-behalten-Wollen,
- Eifersucht und Neid,
- Passivität oder übertriebene Aktivität,
- Geltungssucht und Anerkennungsstreben,
- Verantwortungslosigkeit und Drückebergerei.

Im Leib wird Gleichwertigkeit praktiziert

Kein Glied herrscht über das andere.
Kein Glied fühlt sich überflüssig.
Kein Glied wir überbetont.
Kein Glied wird abgewertet.

Das einträchtige Zusammenspiel ist ein Kunstwerk des Schöpfers. Paulus spricht mit keinem Wort von Gleichwertigkeit, aber er beschreibt sie.

Feindseligkeiten zu Hause und in unserer Gesellschaft werden vermutlich erst dann aufhören, wenn wir unsere Kinder als *gleichwertige* Partner am Entscheidungsprozess in allen Situationen beteiligen. Gleiche Partner heißt nicht unbedingt gleich an Größe, Alter, Position oder Intelligenz. Es bedeutet: sich untereinander mit *gleichem* Respekt behandeln.

Wie sieht das aus?

- Ein zweijähriges Kind wird mit dem gleichen Respekt wie die Mutter behandelt.
- Die Raumpflegerin wird mit dem gleichen Respekt behandelt wie der Vorgesetzte.
- Der alte Mensch wird mit dem gleichen Respekt behandelt wie der junge.
- Der behinderte Mensch wird mit dem gleichen Respekt behandelt wie der gesunde.

Jede Aktivität ist wichtig! Jeder Beitrag ergänzt den anderen! Ein Orchester kann nur funktionieren, wenn *alle* Mitglieder sich für *das Ganze* verantwortlich fühlen.

Die erzieherischen Fehler beginnen da,

- wo bestimmte Fähigkeiten *ab*gewertet,
- wo bestimmte Fähigkeiten *unter*bewertet,
- wo bestimmte Fähigkeiten *über*betont,
- wo bestimmte Fähigkeiten als *besser* oder *schlechter,*
- wo bestimmte Fähigkeiten als *wertvoller* oder *weniger wertvoll,* als *nebensächlich* oder *wesentlich* herausgestellt werden.

Gleichwertigkeit ist das Heilmittel gegen Rivalität, gegen ein krank machendes Konkurrenzdenken und gegen Leistungsdruck. Die Familie lebt von den Beiträgen Einzelner und von der Kreativität der Mitglieder.

Jedes Glied ist wichtig

Das macht Paulus im 12. Kapitel des 1. Korintherbriefes deutlich. Und das drückt ein schönes Kinderlied aus, das von T. M.W. Longards komponiert wurde.

Hände können fassen und auch wieder lassen,
Augen können sehen, Füße können gehen!
Jedes Glied ist wichtig, keins zu klein und nichtig,
ich gehör dazu, du gehörst dazu.

Sind wir auch verschieden,
keines wird gemieden,
keines bleibt allein,
jeder darf sich freu'n.

Wer's nicht kann verstehen,
darf auf Jesus sehen:

Jeder ist viel wert,
das hat er gelehrt.

Tina kann gut springen,
Peter liebt das Singen,
das kann ich, das du,
jeder greift mal zu.[1]

Dieses schöne Kinderlied ist eine schlichte Auslegung des 12. Kapitels des Korintherbriefs!

Die Erziehung zur Gleichwertigkeit ist auch ein geistliches Thema. Christen können in der Familie ein Beispiel davon geben, was es heißt, dass Große und Kleine, Arme und Reiche, Gesunde und Kranke in den Augen Gottes nicht abgestuft behandelt werden.

Vor Gott sind alle Menschen gleich. Er ist »farbenblind«, wie es einmal ein Schriftsteller unserer Tage formuliert hat.

Alle Gaben sind zum Nutzen der Gemeinschaft bestimmt

Es geht um das Zusammenspiel – wie bei einem Orchester. In der Familie darf es keinen Solisten geben. Die Familie ist ein Organismus. Jeder ist auf den anderen angewiesen.

Paulus drückt es so aus:

»Es gibt verschiedene Fähigkeiten; doch ein und derselbe Gott schafft sie alle. Was nun der Geist in jedem einzelnen von uns wirkt, das ist zum Nutzen aller bestimmt.« (1. Korinther 12, 6–7)

- Eine gute Kommunikation ist ein Charisma.
- Ein gutes Zusammenspiel ist eine Gnadengabe.
- Eine gute Kooperation ist ein Geschenk.

Kein Beitrag sollte egoistisch sein, jede Leistung soll der Gemeinschaft dienen. Aber: Weil wir alle durch die Bank auch Egoisten sind, wird deutlich, warum in Gemeinde und Familie so viel Unfriede zu Hause ist.

Teamfähigkeit und Beziehungsfähigkeit – wenn wir sie mitbringen – kommen uns entgegen, aber sie sind keine Tugenden, auf die wir uns etwas einbilden können. Eltern und Kindern, denen es geschenkt wird, um Kraft und Weisheit zu beten, kann dieses harmonische Zusammenspiel gelingen.

Darum haben Kleine und Große, Schwache und Starke, Behinderte und Sterbende einen »Nutzen« im großen Ganzen.

- So haben *Babys* den Sinn, dass wir ihnen helfen, heranzuwachsen und später wieder für die alten Eltern da zu sein.
- So haben *Behinderte* den Sinn, dass die anderen das Teilen, Verzichten und Rücksichtnehmen üben.
- So haben *Sterbende* einen Sinn, dass wir das Sterben lernen und dass wir sie auf dem letzten Lebensweg begleiten.

Jedes Glied ist wichtig, das kleinste, das stärkste und das schwächste.

Zu guter Letzt

Die Familien- und Geschwisterkonstellation ist ein wesentlicher Faktor, um
- die Schwierigkeiten der Familie zu verstehen,
- Misstrauen und Eifersucht zu erkennen,
- Anpassung und Rebellion zu erklären,
- Hilflosigkeit, Machtstreben und viele andere Störungen einzuordnen.

Sie bietet Eltern und Erziehern die Einsicht, hilfreiche Methoden zu entwickeln, wirksam gegenzusteuern und mit Gottes Hilfe ein fruchtbares Zusammenleben zu verwirklichen.

Die Selbsterforschungsfragebögen in diesem Buch sind eine zusätzliche Hilfe dazu, sich und die Einstellungsmuster der Kinder besser zu erkennen.

Literaturhinweise

Kapitel 4: Mein Ein und Alles – das Einzelkind

1 Daniela Liebich, Tauziehen um die Elternliebe, Freiburg (Herder spektrum), 2002, S. 128.

2 Thomas von Kürthy, Einzelkinder, München (Bartenschlager Verlag), S. 78.

Kapitel 5: Wer zuerst kommt, mahlt zuerst

1 Kevin Lehman, Geschwisterkonstellation, Landsberg am Lech, (mgv-Verlag), 2. Auflage 1998, S. 12.

2 Helmut Thielicke, Wie die Welt begann, Stuttgart (Quell Verlag), 1960, S. 152 ff.

3 Helmut Thielicke, a. a. O., S. 164 f.

Kapitel 7: Das Nesthäkchen – das jüngste Kind

1 Cornelia Breuer-Iff, Wer glaubt, der flieht nicht, in: Westdeutsche Zeitung, 4.2.2006, S. 7.

2 Werner Corell, Lernstörungen beim Schulkind, Donauwörth (Ludwig Auer Verlag), 1976, S. 84 f.

Kapitel 8: Kinder im Doppelpack – Zwillinge

1 Daniela Liebich, Tauziehen um Elternliebe, Freiburg (Herder Verlag), 2. Auflage 2002, S. 142 f.

2 Marcel Rufo, Geschwisterliebe, Geschwisterhass, München (Piper Verlag), 2005, S. 164 f.

3 Marcel Rufo, a. a. O., S. 168 f.

4 Hans-Jürgen Möller/Gerd Laux/Arno Deister, Psychiatrie und Psychotherapie, Stuttgart (Thieme Verlag), 2001, S. 78.

5 Martin Dannecker, Sexualwissenschaftliches Gutachten zur Homosexualität, in: Die Rechtsstellung gleichgeschlechtlicher Lebensgemeinschaften, Hrsg. Basedow et al, Tübingen, 2000, S. 339.

Kapitel 9: Andere Geschwisterpositionen

1 Matthias Lukasczik, Introvertierte gefährdet, in: Psychologie heute, 2/2006, S. 61.

Kapitel 10: Geschwisterbeziehungen in Patchworkfamilien

1 Hansjörg Bräumer/Rosemarie Bräumer/Joachim Cochlovius/Michael Dieterich, Eine zweite Ehe?, Wuppertal/Zürich (Brockhaus Verlag), 1992, S. 17.

2 Hansjörg Bräumer/Rosemarie Bräumer/Joachim Cochlovius/Michael Dieterich, a. a. O., S. 35.

3 Gerlinde Unverzagt, Patchwork, München (dtv-Verlag), 2002, S. 27.

Kapitel 11: Erziehen im Alleingang

1 Gabriele Kunz, Es gibt Momente, in denen ich verzweifelt bin, in: Psychologie heute, 5/1995, S. 42.

2 Sylvia Meise, Allein Erziehende – Opfer »statistischer Diskriminierung«, in: Psychologie heute, 3/2005, S. 12.

Kapitel 12: Die Familienatmosphäre

1 Horst Eberhard Richter, Patient Familie, Hamburg-Reinbek (Rowohlt Verlag), S. 108.

Kapitel 13: Die Familie als Leib

1 T. M. W. Longards, in: »Unsere Welt – Schöpfung Gottes«, Anregungen für die Praxis von Erziehern, Ibbenbüren, S. 167.